高校财务管理工作问题研究

王 旋 郭秀玲 袁 芳 著

中国商业出版社

图书在版编目（CIP）数据

高校财务管理工作问题研究 / 王旋，郭秀玲，袁芳著. -- 北京 : 中国商业出版社，2025. 4. -- ISBN 978-7-5208-3375-2

Ⅰ. G647.5

中国国家版本馆CIP数据核字第2025ZZ1026号

责任编辑：吴　倩

中国商业出版社出版发行

（www.zgsycb.com　100053　北京广安门内报国寺 1号）

总编室：010-63180647　　编辑室：010-83128926

发行部：010-83120835/8286

新华书店经销

北京七彩京通数码快印有限公司印刷

*

710毫米 ×1000毫米　16开　10印张 194千字

2025年4月第1版　　2025年4月第1次印刷

定价：50.00 元

* * * *

（如有印装质量问题可更换）

前　言

随着我国高等教育事业的快速发展和财政管理体制改革的深入推进，高校财务管理面临着前所未有的机遇与挑战。高校作为人才培养、科学研究和社会服务的重要阵地，其财务管理水平直接影响着高校的可持续发展能力。然而，当前高校财务管理仍存在着预算管理不规范、内部控制不完善、资金使用效率不高、信息化建设滞后等问题，亟须系统研究和创新优化。

本书立足于高校财务管理实践，结合国家相关政策法规和现代财务管理理论，深入分析当前高校财务管理中的关键问题，并提出相应的改进策略和创新路径。全书共分为六章，主要内容如下：第一章为高校财务管理概述，主要介绍了高校财务管理相关内容、高校财务管理平台构建、高校财务管理现状分析；第二章为高校财务管理内部控制，系统阐述了高校财务管理内部控制概述、高校财务管理内部控制分析、高校财务管理内部控制的优化；第三章为高校财务预算绩效管理，包括高校财务预算绩效管理概述、高校财务预算绩效评价体系构建、高校财务预算绩效评价的优化等内容；第四章为高校财务管理系统设计与实现，深入分析了高校财务管理系统的需求、高校财务管理系统的设计、高校财务管理系统的实现；第五章为高校财务管理信息化建设，主要内容包括高校财务管理信息化概述、高校财务管理信息化建设分析、高校财务管理信息化智能改进；第六章为高校财务管理工作的创新，详细探讨了高校财务管理工作模式的创新、高校财务管理工作制度的建设与优化、高校财务理工作技术及理念的实践探索。

本书旨在为高校财务管理人员、教育经济研究者及相关政策制定者提供理论参考和实践指导，助力高校财务管理水平的提升，推动高等教育事业的高质量发展。由于编者水平有限，书中难免存在不足之处，恳请广大读者批评指正，以便在后续研究中不断完善。

目　　录

第一章　高校财务管理概述

高校财务管理体系涉及对资金流动、经济资源分配及财务决策的全面管理与监督。其核心宗旨在于维护高校的财务稳健性、透明度及运作效率，从而为教育教学、科研活动及学生服务等多方面工作提供坚实支撑，通过对高校各项收支进行科学预估与妥善规划，以确保资金得到合理利用与高效流转。

高校财务管理体系的建立健全，对于保障高校的日常运作顺畅及长远规划实现至关重要。因此，各相关部门需紧密协作，以科学规划及有效执行为导向，共同推动高校财务的稳健与可持续发展。

第一节　高校财务管理相关内容

一、高校财务管理的概念界定

高校财务管理体系是一套旨在确保资金安全、提升经济运作效率的综合管理策略。这一体系广泛涉及预算编制、资本运作、会计处理以及财务绩效评估等多个维度。其核心目的在于维护高校的财务稳健性、透明度及高效运作，进而为教学科研活动、学生服务及其他各项事务的平稳推进提供坚实保障。

在高校财务管理的框架内，资本运作占据核心地位，通过精心策划的资金募集、运用及监管机制，确保高校财务资源的最大化利用，为高校的各类活动提供充足的经济支撑。在这一过程中，资金的合理流动与高效配置是维系高校经济健康的关键所在。

此外，精确的预算编制同样不可或缺。它要求对高校各项收支进行科学预估与细致规划，以确保经费的合理分配与有效利用，同时促进资金的良性循环与持续增长。通过这一系列精细化的管理举措，高校财务管理体系得以不断优化，为高校的长远发展与稳定运营奠定坚实基础。

在高校财务管理体系中，规范的会计核算是不可或缺的一环。它要求精确记载并迅速反馈高校各项财务运作的实际情况，以保障财务信息的真实可靠与全面完整，从而为高校的战略决策提供坚实的数据基石。

与此同时，财务分析作为高校财务管理的另一核心组成部分，发挥着举足轻重的作用。通过对高校财务状况的深入剖析与全面比对，能够敏锐洞察潜在的财务隐患并及时采取相应的解决策略，从而为高校的长远发展提供科学的理论依据与决策指引。这一过程不仅有助于提升高校的财务管理效能，更为其稳健前行奠定了坚实的基础。

二、高校财务管理的具体内容

（一）筹资管理

在高校财务管理的诸多关键领域中，筹资管理占据着举足轻重的地位，对确保高校日常运营所需资金的充足供应具有至关重要的作用。筹资管理主要聚焦于高校如何有效获取资金以支撑其教学、科研及行政管理等各项活动。该领域涵盖了多元化的具体内容，其中既包括校内既有资源的合理配置与高效运用，也涉及从外部渠道筹集资金的策略与手段。就校内资源的高效利用而言，高校应当致力于通过精细化的资产配置策略与前瞻性的财务规划布局，充分挖掘并发挥自身资源的最大潜能，以期在既定的财务框架内实现资金利用效率的最优化。这一过程不仅要求高校具备精准的财务分析能力，还需在资源配置与资金调度上展现出高度的战略眼光与执行力。

与此同时，高校亦需借助外部融资渠道来满足其运营扩展与持续发展的资金需求。这可能涵盖向政府机构提请财务援助、通过发行债券及其他金融产品的形式募集资本，或是与私营企业携手合作推进项目以获取必要的资金支持。在探索并实施外部融资策略的过程中，高校需审慎权衡不同融资途径的利弊得失，进而甄选出与自身实际情况最为契合的融资方案。这一过程要求高校具备全面的市场分析能力、精准的财务规划以及对潜在合作方的深入评估，以确保融资活动的顺利进行与资金的有效利用。

高校财务管理体系中的筹资管理构成了一个既复杂又至关重要的组成部分，它不仅关乎校内既有资源的优化配置与高效运用，还涉及外部资金的筹集与资金的妥善配置及管理。借助科学合理的规划与筹资管理政策的切实执行，高校能够更加充分地满足其多元化的资金需求，进而为高校的长远发展注入强劲动力。这一过程要求高校在资金筹措方面展现出高度的策略性与执行力，既要善于挖掘并发挥校内资源的最大潜能，又要积极寻求并有效利用外部融资机会，以确保资金流的稳定与充足，为高校的持续进步奠定坚实的经济基础。

（二）预算管理

高校财务管理体系涵盖了为确保资金使用合理性、合规性及高效性所开展的一系列管理活动。在这一体系中，预算管理扮演着举足轻重的角色，其目标在于通过精心策划、严格执行与有效监控预算流程，实现财务资源的优化配置与最大化利用。预算管理这一复杂过程主要由预算编制、执行与控制三大核心环节构成。

预算编制环节，高校依据既定的战略规划与经济环境背景，通过深入调研、详尽分析及综合评估，制订出既合理又科学的财政预算方案。此过程需全面考量高校的各项开支需求，确保预算编制的精确性与全面性，从而为高校提供一份清晰的财务蓝图，指引资金的合理分配与有效利用。

预算执行环节，要求高校依据已制订的预算计划，严格按照既定的支出与收入规划，对资金进行妥善管理与运用。在执行过程中，必须坚守预算纪律，确保各项开支与收入的合理性与有效性。同时，面对外部环境的变化与内部需求的调整，预算执行亦需保持一定的灵活性与适应性，适时对预算计划进行必要的调整与优化。

预算控制环节，是对预算执行过程进行全面监督与控制的关键环节。通过预算控制，高校能够及时发现并妥善处理预算执行中出现的问题与异常情况，确保资金使用的安全性与合规性。此外，预算控制还涉及对预算执行效果的评估与分析，通过定期审视与反思，及时采取措施改进预算管理流程，提升财务管理的整体效率与专业水平。

（三）资产管理

在高校的财务管理范畴内，资产管理工作占据着举足轻重的地位，它深刻影响着高校的资源配置策略、资源利用效率以及财务风险防控机制。资产管理这一综合性任务，广泛涵盖了资产的获取途径、价值评估、保护措施以及合理处置等多个维度。

高校的资金来源呈现出多元化的特点，主要包括政府财政拨款、社会捐赠以及自筹资金等。为了确保资金来源的稳定可靠，以充分满足教学科研活动、行政管理及日常运营的多方面需求，高校需精心规划资产获取渠道，构建科学合理的资金筹措体系。

资产管理工作在高校中呈现出高度的综合性与复杂性，它要求校内各部门之间建立紧密的协作机制，实现信息共享与协同管理。通过实施有效的管理措施，高校能够确保资产的安全保管与高效利用，为其长远发展与可持续进步提供强有力的物质保障。这一过程不仅彰显了高校在财务管理方面的专业素养，更为其在复杂多变的教育环境中稳健前行奠定了坚实基础。

（四）监督管理

高校财务管理的监督管控机制是保障其财务运作遵循法规、规范操作及提升透明度的一项关键举措。这一机制由内部监督与外部监督两大支柱共同构成，两者相辅相成，共同确保高校财务活动的合规性与规范性。

内部监督侧重于高校内部建立起的自我约束与审查体系，旨在通过一系列内部控制措施，对财务活动的全过程进行实时监控与评估，以确保各项财务行为符合既定政策与法规要求，进而提升财务管理的规范性与效率。外部监督则强调来自高校外部的独立审计与监管力量，通过定期对高校财务状况进行审查与评估，以及接受来自政府、社会及利益相关方的监督与反馈，进一步强化高校财务活动的透明度与公信力。内外部监督的有机结合，共同构成了高校财务管理监督管控机制的坚实基石，为高校的稳健发展与财务健康提供了有力保障。

在高校财务管理的广阔领域中，监督管理机制占据着至关重要的地位，它不仅是确保高校财务行为合规性、规范性及透明度的重要基石，更是推动高校财务活动安全稳定运行的关键环节。通过构建一套内部监督与外部监督相交织的严密体系，我们能够进一步强化对高校财务管理各项工作的监管力度与管理效能，从而全面提升其规范化运作的水平与透明度标准。内部监督作为这一体系的核心组成部分，侧重于在高校内部建立起一套自我约束与自我审查的机制，通过对财务活动的全过程实施细致入微的监控与评估，确保各项财务操作严格遵循既定的政策法规与内部规章制度，有效防范潜在的风险隐患。而外部监督则发挥着不可或缺的辅助作用，它依赖来自政府监管机构、社会审计机构及广大利益相关方的独立审视与监督力量，通过定期对高校财务状况进行客观公正的审查与评估，以及及时公开透明的信息披露机制，进一步增强高校财务活动的公信力与透明度，为高校的稳健发展奠定坚实的财务基础。综上所述，通过内部监督与外部监督的有机结合与协同发力，我们能够更加有效地加强对高校财务管理工作的全面监督与管理，不断提升其规范化运作的水平与透明度标准，为高校财务活动的安全稳定运行提供强有力的制度保障。

（五）内部控制管理

高校财务管理的内部控制机制是保障其财务运作合法性、规范性及高效性的核心要素之一。内部控制的核心目标在于守护高校的财务资产安全，有效预防错误行为与欺诈事件的发生，并确保所提供的财务信息具备高度的精确性与可信度。在这一关键管理领域内，高校需致力于构建一套健全且严密的内部控制制度体系，以确保其所有财务活动均能严格遵循国家法律法规与内部规章制度的各项要求，从而在根本上维护资金的安全性与使用效益。

为实现这一目标，高校应当积极建立健全财务管理制度与规章体系，明确界定各项财务管理流程的具体环节与责任分工。这涵盖了制定详尽的财务管理制度手册，清晰阐述校内各部门的财务职责与权限范围，确保每一笔资金的流动均经过合法合规的审批流程与严格监督。同时，高校还需注重构建一套完善的内部审计机制，通过定期对财务活动进行全面而深入的审计审查，及时发现并纠正潜在的问题与风险点，从而不断提升财务管理的规范化水平与风险防控能力。这一系列举措的实施，将为高校的稳健发展与财务健康提供坚实的制度保障。

高校财务管理的内部控制体系是确保其财务活动合法合规、规范有序及高效执行的关键措施。为了切实提升内部控制的效能，高校需致力于构建一套全面且严密的制度与规章框架，同时加强对财务管理人员的专业培训与日常监督，充分利用先进的信息技术手段来优化管理流程，提升工作效率。此外，建立一套科学的风险管理机制亦是不可或缺的一环，它能够帮助高校及时识别、评估并有效应对潜在的财务风险。高校应着手制定一套详尽的财务管理内部控制规范，明确界定各项财务活动的操作标准与流程要求，确保每一项财务决策与行动均能严格遵循既定的规章制度。在此基础上，加强对财务管理团队的专业培训与技能提升，不断提升其业务能力与职业素养，是确保内部控制体系得以有效执行的关键。同时，借助现代信息技术手段，如大数据分析与云计算技术等，可以进一步优化内部控制流程，提高管理效率与精准度。更为重要的是，高校需建立一套完善的风险管理机制，通过定期的风险评估与预警系统，及时发现并妥善处理潜在的财务风险点，从而确保高校财务管理的稳健运行与持续发展。这一系列举措的实施，不仅有助于提升高校财务管理的内部控制水平，更为其在复杂多变的教育环境中保持财务健康与稳健发展提供了有力保障。

三、高校财务管理的特征及目标

（一）高校财务管理的特征

高校财务管理的特性多维度地体现在其专业性、繁复性、开放性特征上。

高校财务管理彰显出鲜明的专业性特征，这一特征源自高校独特的组织性质以及财务活动的多样性，对财务管理从业者提出了严苛的专业技能与知识素养要求。他们需具备深厚的财务理论基础与丰富的实践经验，以应对高校财务活动的复杂性与独特性。

高校财务管理还表现出强烈的繁复性特征。作为一所集教育、科研、社会服务等多功能于一体的综合性机构，高校的财务活动广泛涵盖资金筹措、资金运用、财务管理及财务监督等诸多层面，涉及的人员构成与部门设置颇为繁杂，财务项目与业务操作亦极为复杂多变。这种高度的繁复性不仅增加了财务管理的难度系数，也对管理策略与手段的灵活性与创新性提出了更高要求。

高校财务管理的开放性特征同样不容忽视。作为一个与社会各界紧密相连、开放包容的教育机构，高校的财务活动不可避免地受到政府宏观调控政策、市场竞争态势、社会环境变迁等多重外部因素的深刻影响。这要求高校的财务管理必须保持高度的开放性与敏锐度，及时捕捉并适应外部环境的变化，以确保财务决策的科学性与前瞻性。

综上所述，高校财务管理的这些特性共同构成了高校财务管理工作的复杂生态，要求管理者在实践中不断探索与创新，以适应不断变化的教育环境与社会需求。

（二）高校财务管理的目标

1. 短期目标

高校财务管理的短期目标聚焦于保障资金运作的顺畅无阻，以确保学校日常运营活动的平稳推进。这些短期目标首要体现在资金的有效管控与高效利用上，意味着高校需精心规划资金的分配策略，确保每一笔资金都能精准满足各项支出的实际需求，并维持适度的资金流动性，以应对不时之需。

此外，短期目标还着重于提升财务管理的效率与质量。为实现这一目标，高等院校需积极引入前沿的财务管理技术与工具，对现有的财务管理流程进行全面优化，以期提高数据处理与财务分析的精确性与时效性，从而大幅削减不必要的人力资源损耗，全面提升整体运营效率。与此同时，高校还需着力强化内部的沟通与协作机制，构建一支结构完善、专业精湛的财务管理团队，通过团队的共同努力，推动财务管理工作朝着更加高效、有序的方向发展。综上所述，高校财务管理的短期目标不仅局限于资金的有效管理与利用，更在于通过引入先进技术、优化流程、强化团队协作等多重举措，全面提升财务管理的效率与质量，为高校的长远发展奠定坚实的财务基础。

2. 长期目标

高校财务管理的长远规划旨在保障其持续稳健的发展与运营，这一宏伟蓝图不仅着眼于当下的财务状况，更需前瞻性地考量未来长远发展所面临的机遇与挑战。具体而言，高校财务管理的长期目标可细化为以下几个核心方面。

首先，实现财务的稳健性与健康发展。高校需确保其财务状况始终保持稳定，不受外部经济波动与政策调整等不利因素的干扰，为高校的长远发展奠定坚实的经济基础。

其次，提升财务透明度与公信力亦是高校财务管理的长期目标之一。作为承担社会公共服务职能的重要机构，高校的财务状况对于广大社会公众而言具有极其重要的影响。因此，提高财务信息的透明度，提升高校的公信力，是高校财务管理不可或缺的一环。

再次，高校财务管理的长期目标还应聚焦于促进教学与科研水平的不断提升。财务管理应紧密围绕教学与科研这一核心任务展开，通过合理配置资源、优化支出结构等措施，为教学与科研活动提供强有力的经费保障。

最后，提升高校的国际竞争力与影响力亦是财务管理的长期目标之一。在全球化的背景下，高校需不断提升自身的国际影响力，吸引更多的国外学生与教师，参与国际交流与合作，以推动高校的国际化进程。

综上所述，高校财务管理的长期目标是一个多维度、多层次的系统工程，它涵盖了财务稳健性、透明度、教学与科研水平提升以及国际竞争力等多个方面，共同构成了高校财务管理长远规划的基石。

高校财务管理的长远愿景致力于保障高校的持续繁荣与稳健前行，旨在实现其长期可持续发展的宏伟蓝图。这一愿景涵盖了多个核心方面，旨在推动高校的整体进步。其中，首要任务是确保财务的稳健运行与健康态势，为高校的长远发展奠定坚实的经济基础。通过优化资源配置、强化成本控制等措施，高校能够有效提升自身的财务稳健性，确保在任何经济环境下都能保持稳定的财务状况。同时，提升财务透明度与公信力亦是高校财务管理的关键目标之一。作为承担社会公共服务职能的重要机构，高校有责任向公众公开其财务状况，接受社会监督，从而增强高校的公信力，赢得社会各界的信任与支持。此外，高校财务管理的长远愿景还包括促进教学与科研水平的不断提升。教学与科研是高校的核心使命，财务管理应紧密围绕这一中心任务展开，通过合理配置资金、优化支出结构等措施，为教学与科研活动提供强有力的经费保障，推动高校的教学与科研水平迈向新的高度。不仅如此，提升高校的国际竞争力与影响力亦是财务管理的长远目标之一。在全球化的背景下，高校需积极参与国际交流与合作，提升自身的国际知名度与影响力，以吸引更多的国际学生与教师，推动高校的国际化进程。综上所述，高校财务管理的长远愿景是一个多维度、多层次的系统工程，它涵盖了财务稳健性、透明度、教学与科研水平提升以及国际竞争力等多个方面。通过实现这些长远目标，高校能够更好地履行社会责任，满足社会需求，为高校的长期发展注入源源不断的动力。

四、高校财务管理相关理论

（一）数字治理理论

1. 理论概述

数字化治理框架是一套以数字技术和信息化工具为核心，旨在增强治理效能并革新管理模式的理论体系。该框架凸显了信息技术在治理实践中的核心价值，强调其作为提升管理效能与优化治理结构的关键驱动力。随着信息技术的迅猛进步与广泛应用，高校财务管理领域迎来了前所未有的数据资源与技术支持。通过构建信息化系统与平台，高校能够实现对财务数据的即时监控与深度分析，这一过程不仅增强了数据处理的时效性与准确性，更为管理层提供了科学、客观的决策依据与数据支撑。这些信息化系统不仅提升了数据处理的效率，还确保了数据的全面性与可靠性，为高校财务管理决策的科学化奠定了坚实基础。此外，信息化手段的应用还促进了高校财务管理流程的优化与管理效率的提升。通过自动化与智能化的信息技术，烦琐的管理流程得以精简，管理效率显著提高。这一变革不仅推动了高校财务管理的现代化进程，还实现了财务管理的智能化升级，使高校在财务管理方面更加高效、精准与灵活。数字化治理框架的应用为高校的财务管理带来了革命性的变化，不仅强化了数据资源的利用与管理决策的科学性，还推动了管理流程的优化与管理效率的提升，为高校财务管理的现代化与智能化发展开辟了广阔前景。

数字治理理念为高校财务管理领域引入了新颖的视角与策略，着重凸显了信息化技术在治理架构中的核心地位，并积极倡导以数据为核心驱动力的治理模式，同时强调了创新与协同在管理机制中的不可或缺性。在此理论框架下，高校能够依据数字治理的核心理念与实践方法，对其财务管理模式进行深刻的优化与革新，进而实现管理效能的显著提升，推动财务管理向现代化与智能化方向迈进。高校可充分利用数字治理理论所倡导的数据驱动策略，通过对海量财务数据的深度挖掘与分析，精准识别管理过程中的关键要素与潜在风险，为决策提供科学、客观的依据。同时，借助信息化技术的强大支撑，高校能够构建起高效、协同的财务管理体系，实现各部门间的信息共享与流程协同，有效打破信息孤岛，提升管理效率与响应速度。数字治理理论还鼓励高校在财务管理中融入创新思维，不断探索新的管理模式与技术手段，以适应快速变化的内外部环境。通过持续的创新与改进，高校能够不断提升其财务管理的智能化水平，实现更加精准、高效的管理目标，为高校的长远发展奠定坚实的财务基础。数字治理理念为高校的财务管理带来了全新的发展机遇与挑战，通过深入践行其核心理念与实践方法，高校能够不断优化其财务管理模式，提升管理效能，推动财务管理向更加现代化、智能化的方向稳步前行。

2. 适用性

数字治理理论是一套专注于数字化时代背景下，利用信息技术和数字化工具对组织治理结构、运作流程及决策机制进行全面管理与优化的理论框架。在高校财务管理实践中，这一理论展现出了极高的适用性与价值。数字治理理论的核心在于强调信息化与数据化的深度融合。高校的财务管理领域，由于其复杂性与广泛性，涉及了海量的数据与信息，涵盖了财务报表、预算管理、资产管理等多个关键方面。这些数据与信息不仅是财务管理的基础，更是决策制定的关键依据。

基于数字治理理论，高校能够构建出先进的信息系统与数据管理机制。这些机制不仅能够对财务数据进行全面的收集、整理与存储，还能够通过先进的数据分析技术，深入挖掘数据背后的价值与规律，为财务管理提供更为精准、科学的决策支持。同时，完善的信息系统还能够实现数据的实时更新与共享，确保各部门间信息的无缝对接，提升财务管理的效率与协同性。数字治理理论在高校财务管理中的应用，不仅提升了财务管理的信息化与数据化水平，更为其提供了更为高效、精准的管理手段与决策依据，为高校财务管理向现代化、智能化方向发展奠定了坚实的基础。

（二）财务共享服务理论

1. 理论概述

财务共享服务理论是一种植根于共享经济思维的新型财务管理范式，其核心理念聚焦于通过资源的共享、技术的整合以及经验的交流，来增进财务管理的效率与效益，旨在最大化地发掘并利用企业资源的潜力。这一理论体系的涌现，深刻反映了全球经济一体化背景下，企业在面对日益激烈的国际竞争时所遭遇的新挑战与迎来的新契机。在当下信息化、数字化蓬勃发展的时代，传统的财务管理模式已然难以充分满足企业的多元化需求。

企业亟须一种更为灵活多变、高效协同的管理方式，以应对快速变化的市场环境与复杂多维的业务挑战。财务共享服务理论正是在这一背景下应运而生的，它倡导通过构建财务共享服务中心，实现财务资源的集中管理、统一调配与高效利用，从而有效降低管理成本，提升财务决策的精准度与响应速度。财务共享服务理论还强调技术驱动与创新引领。借助云计算、大数据、人工智能等现代信息技术手段，财务共享服务中心能够实现对财务数据的实时采集、深度分析与智能预测，为企业的战略决策提供更加科学、全面的数据支撑。同时，通过持续的技术创新与管理优化，财务共享服务理论还能够不断推动财务管理向更加智能化、自动化的方向发展，为企业的长远发展注入源源不断的动力。财务共享服务理论作为一种基于共享经济理念的新型财务管理范式，其出现不仅是对传统财务管理模式的一次深刻变革，更是企业在全球化竞争中寻求新突破、把握新机遇的重要抓手。

在财务共享服务理念的引领下，企业能够推进财务管理的标准化与流程化革新。通过确立一套统一的财务管理准则与流程体系，企业能够规范各类财务活动的操作执行，进而提升财务数据的精确性与可信度。与此同时，财务共享服务理念还积极倡导财务外包与合作共赢的战略导向，提倡企业将非核心财务职能委托给具备专业能力的服务机构，以此实现资源的高效配置与双方利益的共同增进。财务共享服务理念作为一种根植于共享经济思维的新型财务管理架构，其核心精髓在于通过资源的共享与服务的整合，来大幅提升财务管理的效率与效益。这一理念不仅与企业发展的总体趋势相契合，更能够有力应对全球化竞争环境下所带来的种种挑战，成为企业迈向可持续发展道路的关键路径之一。

通过实施财务共享服务，企业不仅能够实现财务流程的优化与标准化，提升财务数据的精准度与可靠性，还能够借助财务外包等手段，实现资源的优化配置与成本的有效降低。这一系列变革不仅有助于增强企业的财务管控能力，提升其在全球市场中的竞争力，更为企业的长远发展奠定了坚实的基础。因此，财务共享服务理念无疑为企业应对全球化挑战、实现可持续发展提供了有力的理论支撑与实践指导。

2. 适用性

财务共享服务理论在实际应用环境中展现出高度的适用性与价值。该理论的核心在于倡导资源的共享与优化配置策略，旨在助力组织达成资源利用的最大化及成本支出的最小化目标。在高等教育领域，特别是针对不同高校间的协作而言，财务共享服务能够极大地促进资源的互通有无与相互支援，有效规避资源的重复性投入与无谓损耗，进而提升整体运营效益与工作效率。

财务共享服务理论亦着重强调信息共享与协作的重要性。它指出，通过构建稳固的信息共享机制与协同工作模式，高校能够实现对财务信息的深度整合与广泛共享，进而增强决策过程的科学性与准确性。具体而言，借助财务共享平台与系统的搭建，各高校能够轻松实现财务数据的互联互通，提高对财务活动的监控力度与分析深度，及时发现潜在问题并迅速采取应对措施，从而全面提升财务管理的工作水准与实施成效。

此外，财务共享服务理论在实践中的广泛适用还体现在其能够助力高校在资源共享与优化、信息共享与协同、人才共享与培养、风险共担与应对等多个维度上取得显著进展。这一系列目标的实现，不仅推动了高校财务管理工作的持续改进与蓬勃发展，更为高等教育领域的整体进步与革新注入了强劲动力。综上所述，财务共享服务理论无疑为高校财务管理工作的高效开展与持续优化提供了坚实的理论基础与实践指南。

第二节　高校财务管理平台构建

构建适用于高等教育机构的财务管理平台，是应对高校财务管理复杂需求的一项核心战略举措。此平台的设立，其核心目的在于全面整合并优化高校财务管理的各项职能与流程，进而实现管理效能的显著提升与服务品质的不断优化。在平台的规划与建设过程中，必须深入剖析并充分考量高校独有的特性与实际需求，依据具体情况精心策划功能模块与系统架构的设计方案。为了确保财务管理平台的高效运行与实用性，其构建过程需深度融合先进的信息科技与管理哲学。具体而言，应充分利用云计算、大数据分析及人工智能等前沿技术手段，实现财务数据的集中化存储与智能化处理。这些技术的运用，不仅能够极大地提升数据处理的效率与精度，还能够为管理者提供更为全面、深入的财务洞察，助力其作出更为科学、合理的决策。构建高校财务管理平台是一项系统工程，需紧密结合高校的实际需求，运用先进的技术手段与管理理念，以实现财务管理的全面优化与效能提升。这一平台的成功实施，将为高等教育机构的财务管理带来革命性的变革，推动其向更加智能化、高效化的方向发展。

一、高校财务管理一体化平台构建目标

构建高校财务管理一体化平台的宗旨在于实现高校财务管理的全面整合与深度优化，进而提升财务管理的效能与层次。此平台旨在将高校内部各个部门和单位的财务信息及数据进行有效集成，达成信息的集中管控与共享利用，从而消除信息孤岛现象，减少数据冗余，确保数据的精确性与可信度。

为确保财务数据与信息的安全无虞，一体化平台的构建需辅以完善的安全管理体系与技术防护手段，以有效抵御各类安全风险与潜在威胁，从而维护财务数据及信息的完整与安全。此外，该平台还具备财务数据备份与恢复功能，显著增强了系统的可用性与可靠性，为财务管理的持续运作与稳健发展提供了坚实保障。

值得一提的是，高校财务管理一体化平台的构建目标远不止于此。它更致力于推动财务管理的智能化与信息化进程，通过引入先进的信息技术手段，实现财务管理的自动化与智能化升级。同时，加强平台的安全性与稳定性，为财务管理工作营造一个更加安全、稳定的工作环境，进一步促进财务管理工作的持续改进与蓬勃发展。

构建高校财务管理一体化平台，旨在实现财务管理的全面整合与优化，提升管理效能与层次，推动财务管理的智能化与信息化发展，并加强其安全性与稳定性，为高校财务管理的持续改进与长远发展奠定坚实基础。

（一）促进高校管理制度革新

在高等教育日新月异的发展背景下，推动高校管理制度的创新已成为亟待解决的关键议题之一。其中，构建高校财务管理一体化平台被视为促进管理制度革新的一大重要途径。面对当前高校发展的多元化需求，传统的管理制度已逐渐显露出其局限性，难以满足高校持续、健康发展的迫切需要。

一体化平台的构建，旨在为高校管理领域注入新的活力与灵感，提供一套全新的管理思路与实施策略。通过整合财务管理资源，优化管理流程，该平台能够助力高校打破传统管理模式的束缚，探索出更加符合时代要求、适应高校特点的管理制度。这不仅有助于提升高校管理的效率与效能，更能为高校的长期发展奠定坚实的制度基础。

综上所述，构建高校财务管理一体化平台，旨在顺应高等教育发展趋势，推动管理制度的创新与升级，为高校管理领域带来新的变革与发展机遇。

（二）推动高校财务工作方式变革

高校财务管理一体化平台的构建，旨在达成信息的集中管控与高效共享。借助统一的数据存储与管理架构，不同部门能够便捷地获取并共享财务数据与信息，有效规避了信息孤岛现象，显著提升了信息的可获取度与精确度。这一变革不仅促进了信息资源的充分利用，还使得各部门间的协同合作更为顺畅，大幅提高了整体工作效率。

此外，一体化平台的建设对于优化财务管理流程同样具有深远意义。传统的高校财务管理模式往往伴随着复杂的审批层级与大量的手工操作，这一过程不仅耗时费力，还极大地占用了宝贵的人力资源。而一体化平台通过引入自动化流程与智能化管理系统，成功简化了审批步骤，减少了不必要的人工干预，从而实现了工作效率的显著提升。这种流程的优化，不仅降低了管理成本，还提升了财务管理的规范性与透明度，为高校的稳健发展奠定了坚实基础。

构建高校财务管理一体化平台的核心旨趣，在于引领高校财务工作模式的深刻变革，旨在达成信息的全面共享、流程的精细优化以及全面的数字化转型。这一系列举措，旨在深度挖掘并提升高校财务管理的效能与效益，为高校的可持续发展注入强劲动力。一体化平台的构建将极大促进财务信息的无障碍流通与高效整合，使各部门间的信息壁垒得以消除，信息的实时性与准确性得到显著提升。同时，通过对财务管理流程的深入剖析与精细优化，烦琐的审批环节得以精简，工作效率得到大幅提高。此外，数字化转型的推进，将使得财务管理更加智能化、自动化，进一步释放人力资源，降低管理成本。综上所述，构建高校财务管理一体化平台，不仅是对传统财务工作模式的革新与超越，更是推动高校财务管理向更高效、更智能、更可持续方向发展的关键举措。

（三）推动高校财务管理和服务理念变革

构建高校财务管理一体化平台的核心愿景，在于驱动高校财务管理体系与服务哲学的深刻变革。既往的高校财务管理模式，常受限于纸质媒介与手工操作流程，不仅效率低下，且易于滋生错误，严重制约了财务管理的效能与精准度。相反，现代化的一体化平台能够突破这一桎梏，通过实现财务数据的全面数字化、处理流程的自动化以及实时监控机制，显著增强管理效率与数据准确性。

这一变革并非单纯技术层面的迭代升级，而是对既有管理与服务理念的根本性重塑。在传统管理模式下，各部门往往各自为政，信息流通不畅，沟通效率低下，形成了信息孤岛现象。而一体化平台的引入，则能够打破这一壁垒，促进信息的广泛共享与高度透明，加强各部门间的协同作业与信息交互，从而构建一个全面、高效的管理体系。构建高校财务管理一体化平台，不仅是对财务管理技术的革新，更是对管理与服务理念的一次深刻转变，旨在打破信息壁垒，促进全面管理，为高校的可持续发展奠定坚实基础。

构建高校财务管理一体化平台，其深远意义在于激发管理思维与方法的创新性变革。借助平台强大的数据分析能力，我们可以深入挖掘数据背后的潜在价值，揭示管理中的隐匿问题与改进契机，进而引领高校财务管理步入更为科学、精细的发展轨道。同时，该平台为管理者提供了丰富的决策辅助与预测工具，极大地提高了管理工作的效率与精准度，推动了管理实践的革新与进步。

值得强调的是，推动高校财务管理与服务理念的深刻变革，是构建一体化平台的核心目标之一。通过实现信息的全面共享与高度透明，我们不仅能够显著提升服务效率，优化用户体验，还能够进一步促进管理思维与方法的创新。这一系列举措，共同作用于高校财务管理的全面升级与优化，为构建高效、透明、智能的财务管理体系奠定了坚实基础。

综上所述，构建高校财务管理一体化平台，不仅在于技术的革新与应用，更在于管理理念与方法的深刻变革，旨在通过信息共享、服务优化与管理创新，实现高校财务管理工作的全面跃升与持续优化。

二、高校财务管理一体化平台运作机制

（一）建立基于事件驱动的会计信息系统

高校财务管理一体化平台的运作效能，其核心在于构建一个高效、稳健的会计信息系统，尤其是基于事件驱动机制的会计信息系统。该系统能够敏锐捕捉各类财务事件，并在近乎实时的状态下进行精确处理与详尽记录，从而确保财务数据迅速、精确且全面地汇聚。这一系统，远非仅仅充当数据收集与记录的辅助工具，而是成了提供即时洞察与决策辅助的关键性平台。

事件驱动的会计信息系统的精髓，在于其对财务事件的敏锐感知与迅速响应能力。其运作架构，植根于先进的技术基底与完善的系统设计，有力地保障了数据的安全性与完整性。为确保数据免受泄露与篡改之虞，该系统采用了多层级的安全防护策略，涵盖数据加密、权限划分等关键措施。与此同时，该系统还展现出了高度的可扩展性与灵活性，能够灵活适应高校财务管理中不断涌现的新需求与变化，确保系统能够持续、稳定地服务于高校财务管理的长远发展。综上所述，高校财务管理一体化平台中，基于事件驱动的会计信息系统的构建，不仅关乎数据处理的效率与准确性，更在于为管理者提供即时、深入的决策支持，同时确保数据的安全性与系统的可扩展性，从而有力推动高校财务管理的现代化进程与持续发展。

此外，基于事件驱动的会计信息系统还彰显了智能化的显著特性。通过融合人工智能与大数据分析的前沿技术，该系统能够高效地对庞大的财务数据集进行深度剖析与挖掘，揭示出潜在的规律与未来趋势。这一能力为高校提供了更为透彻的洞察视角与更为精确的决策依据，进而有助于优化财务管理流程，提升管理效能。构建基于事件驱动的会计信息系统，无疑是实现高校财务管理一体化平台高效运作的关键构成部分。该系统不仅确保了财务数据的迅速、精确采集，更通过智能化的决策支持功能，为高校财务管理水平的持续提升注入了强劲动力。它如同一个智慧引擎，驱动着高校财务管理向更高效、更智能的方向发展，为高校的稳健运营与长远发展奠定了坚实基础。

基于事件驱动的会计信息系统的建立，不仅强化了高校财务管理的数据采集能力，更通过智能化的决策支持，为财务管理水平的提升开辟了新路径，是推动高校财务管理一体化平台高效运作不可或缺的一环。事件驱动型会计信息系统三类业务过程如图 1-1 所示。

事件驱动型会计信息系统所承载的数据范畴广泛，不仅涵盖了核心的财务数据，还囊括了诸多非财务数据。这些数据经过有序整理后，被妥善存放于一个逻辑严谨的数据库中，此举有效规避了数据冗余的问题，并极大地丰富了信息系统的内容层次。基于数据驱动的核心原理，该系统在日常运作中并不主动对原始数据进行处理或加工，而是采取了一

种更为灵活高效的策略：仅在特定事件被激活，且用户提出明确需求时，相应的数据处理流程才会被触发并执行。这种设计使得系统展现出更高的灵活性与强大的处理能力。为了更直观地阐述三库理论与事件驱动机制的实现路径，我们特制表1-1进行详细说明。该表不仅展示了三库理论的核心构成，还深入剖析了事件驱动机制在实际应用中的具体实现方法，为读者提供了清晰、系统的理解框架。综上所述，事件驱动型会计信息系统通过整合财务数据与非财务数据，构建了一个内容丰富、逻辑清晰的数据库，并依托数据驱动原理，实现了数据处理流程的高度灵活性与智能化。结合表1-1的详细阐述，我们可以更加深入地理解三库理论与事件驱动机制的实现路径，从而为该系统的进一步优化与应用提供有力支持。

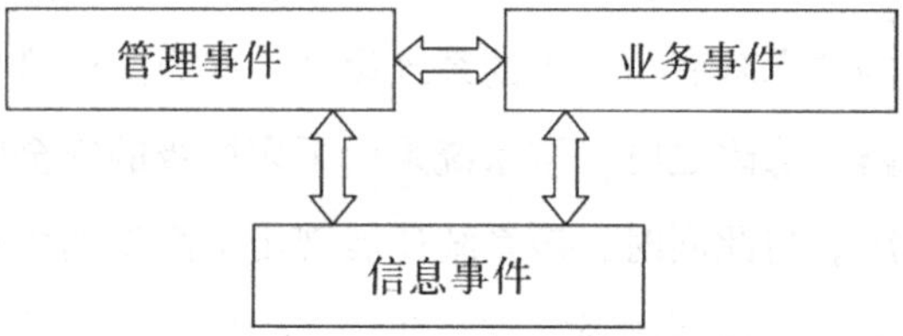

图1-1　事件驱动型会计信息系统的三类业务过程

表1-1　三库理论和事件驱动的实现方法

事件数据库	方法库	模型库	事件驱动
与传统的基于视图驱动的会计信息系统数据分散、重复存储不同，在事件驱动型会计信息系统中，数据库是所有操作的数据平台，是集成了全部事件的信息仓库。事件是最小存储单位，以二维表记录形式存储，存储的是与事件直接相关的、以字段表示的每一实体属性。当业务活动发生时，所有原始数据通过业务事件处理器集成于一个数据库中，任何授权用户都可以调用数据库中的数据以获取所需的信息	方法库的目的在于存放各种有关信息提取的规则，如各种信息确认原则、多重属性计量标准、会计准则、非会计准则等	模型库提供用户求解问题所需的各种数据模型、管理模型，如财务报告模型、预测模型、决策模型、财务分析模型等，同时支持用户根据自身需要自定义一些模型	“事件驱动（Event Driven）”作为一种计算机术语，是指当某一特定事件要求代码进入工作时，程序指令开始执行。在REA会计模型中，事件驱动是指由业务活动来驱动信息处理过程，也就是在业务活动发生的同时，触发信息系统去记录或维护与该业务相关的数据，而业务活动的报告过程是由用户的信息需求来触发的

（二）企业资源计划在高校财务管理的应用

将企业资源计划（ERP）引入高校财务管理领域，是一项具有战略意义的举措，其目的在于全面提升财务管理的效能与品质，推动管理向信息化、智能化方向迈进。ERP在高校财务管理中的应用，所展现的优势远不止于提升效率这一层面，它还涵盖了信息的高度集成与共享、业务流程的深度优化与标准化、财务数据的实时追踪与深入分析，以及信息化与数字化建设的全面推进等多个维度。通过充分利用 ERP 系统的这些核心优势，我们能够有力推动高校财务管理工作的持续革新与发展。ERP 系统不仅能够显著提升管理的精细化程度与运作效率，还能够为高校的稳健运营与长远发展奠定坚实基础。具体而言，信息的集成与共享促进了部门间的无缝协作，业务流程的优化与标准化则提升了管理流程的规范性与执行力，而财务数据的实时监控与深入分析则为管理者提供了精准、及时的决策支持。此外，信息化与数字化建设的推进，更是为高校财务管理的现代化转型提供了强大动力。ERP 系统在高校财务管理中的应用，不仅是一项提升管理效能的关键举措，更是推动高校财务管理向信息化、智能化、标准化方向发展的有力推手，为高校的可持续发展注入了强劲活力。

（三）高校财务业务一体化协同

为了构建一个高效的高校财务一体化协同体系，可以计划在总校区设立一个高度集成的信息数据交互枢纽，该枢纽将作为桥梁，紧密连接下属分析部门及其他各职能部门。这些部门将依托远程访问或其他先进的接入手段，便捷地参与业务处理流程。业务信息处理环节涵盖了一系列关键活动，如业务事件的详尽登记、业务数据的动态维护与更新，以及为决策层提供的具有前瞻性的决策辅助信息。我们设想的蓝图是通过构建一个统一且共享的数据基础平台，促使各个应用系统能够以一种更为紧密、高效的方式实现集成。这种集成并非简单的堆砌，而是一种深度的耦合，旨在打破信息孤岛，促进数据在各部门间的自由流动与高效利用，从而全面提升高校财务管理的协同效率与智能化水平。构建一个以总校区信息数据交互枢纽为核心的高校财务一体化协同平台，是实现财务管理智能化、高效化的关键路径，它将通过统一数据基础平台的深度集成，推动各部门间的无缝协作与信息共享，为高校的稳健发展注入强劲动力。①

高校财务业务一体化协同机制的构建，旨在推动资源的有效共享与优化配置。在传统模式下，各个财务业务领域往往各自为政，导致资源利用不尽合理，浪费与重复建设现象频发。而通过实施一体化协同策略，我们能够打破这些壁垒，将散布于各领域的资源进行深度整合与高效共享，从而有效遏制资源的无谓投入，大幅提升资源的使用效率与效益。

高校财务业务一体化协同还能够促进信息的全面共享与顺畅流通。通过一体化协同机制的引入，我们有望搭建起一个统一的信息交互平台，实现信息的无缝共享与高效流通。这一举措将为管理决策提供更为精准、及时的数据支撑，有力推动财务管理决策的科学化

① 陈虎．会计流程再造的集成网络财务系统研究——一种新型的会计信息系统重构［D］．南京：南京理工大学，2005.

与智能化进程。高校财务业务一体化协同机制的构建，不仅有助于资源的有效整合与高效利用，还能够促进信息的全面共享与顺畅流通，为高校的财务管理决策提供强有力的数据支持，是推动高校财务管理现代化、智能化的关键路径。

全校财务信息在一体化平台上实现了跨部门的共享机制，这一机制促进了不同部门间的数据交互与调用，不仅增强了数据的流通性，还有助于及时发现并解决数据不一致等问题。在此过程中，各个部门在利用这些数据的同时，也无形中扮演了财务信息监督者的角色，形成了一种分布式、协同式的监督体系，如图 1-2 所示。

通过这一平台，各部门能够实时访问全校范围内的财务信息，这不仅提升了数据的透明度，还为各部门间的协作提供了坚实的基础。数据的共享与调用，使各部门能够及时发现数据中的偏差与不一致之处，进而采取相应的纠正措施，确保财务数据的准确性与可靠性。同时，各部门在数据使用过程中的监督作用，构成了一道有效的防线，有助于防范财务信息的误用与滥用，进一步提升了财务管理的规范性与严谨性。信息一体化平台上的全校财务信息共享机制，不仅促进了数据的流通与利用，还增强了各部门间的协作与监督，为提升财务管理的效率与质量提供了有力支持。

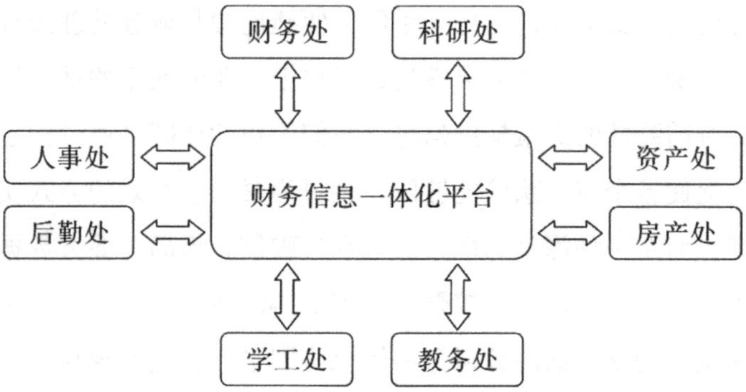

图 1-2　信息一体化平台与各部门联系

一体化平台在确保数据共享时效性方面发挥着至关重要的作用。当业务活动发生时，各部门能够即时录入各自的原始数据，而平台则通过预设的规则与算法，将这些来源于不同接口的数据转换为统一的、可共享的数据格式。这一转换过程极大地简化了数据获取的流程，使各部门无须再通过烦琐的轮转方式查询当前业务进度，而是能够直接在平台上实时获取流程的最新动态。这一功能的实现，为高校的决策制定与风险控制工作提供了强有力的支持。特别是在财务部门决定是否拨付资金时，能够及时获取到业务流程的最新数据，从而作出更为迅速、准确的判断。这不仅极大地节省了时间成本，还提高了决策的科学性与有效性。通过一体化平台，财务部门能够实现对资金流向的实时监控，确保资金使用的合规性与高效性，为高校的稳健运营与发展奠定了坚实的基础。

图 1-3 描绘了各部门通过财务信息一体化平台实现互联互通的细化架构。在处理各自

内部事务时，每个部门仍能维持其作为一个独立运作的实体。然而，在需要共享数据的关键时刻，平台接口遵循既定的规范与协议，将各部门在业务活动进行时录入的信息，安全、高效地传递至平台上，以供其他部门进行查询与调用。值得注意的是，这一共享机制确保了数据的只读性，即一般情况下，其他部门无法直接修改所获取的数据内容，从而有效维护了数据的准确性与权威性。通过这样的设计，财务信息一体化平台不仅保障了各部门在处理内部事务时的自主性与独立性，还极大地促进了部门间的信息共享与协作。各部门能够基于平台提供的数据支持，作出更为精准、高效的决策，进而推动整个组织向更加协同、高效的方向发展。同时，数据的只读性设置，也为数据的安全性与可靠性提供了有力保障，避免了因误操作或恶意篡改而引发的潜在风险。

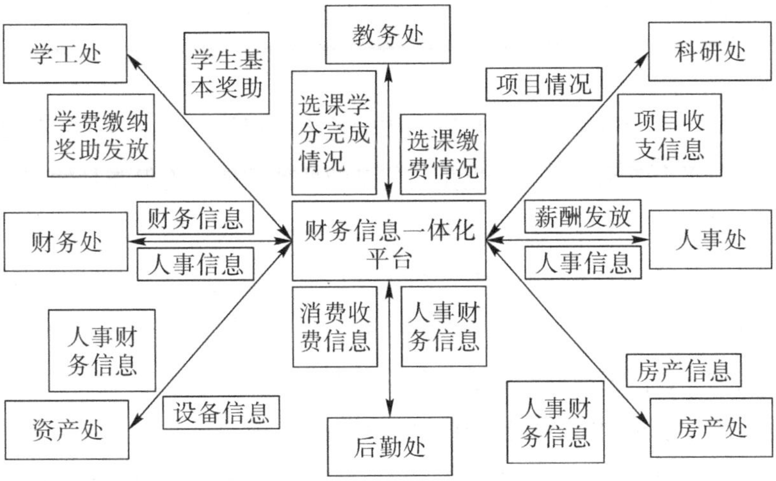

图 1-3　信息一体化平台的财务数据关联

三、高校财务管理一体化平台的配套措施

（一）进行网络及存储建设规划

1. 财务信息处理中心构架设计

为了成功搭建一个功能完备的高校财务管理一体化平台，首要且关键的一步在于精心规划网络架构与存储系统，其中，财务信息处理中心的构建方案占据着举足轻重的地位。这一设计方案需紧密围绕高校财务管理的实际需求，同时深度融合现代信息技术的最新发展趋势，力求在平台的可靠性、安全性以及运行效率上达到最优平衡。

在具体实施时，财务信息处理中心的构架设计需全面考量高校财务管理的多样性与复杂性，确保平台能够稳定、高效地处理各类财务信息。同时，随着信息技术的不断进步，设计方案还需具备前瞻性与灵活性，以便及时吸纳新技术成果，不断提升平台的性能与安全性。通过这样综合考虑、科学规划，我们有望构建一个既符合当前需求，又具备未来发展潜力的财务管理一体化平台，为高校的稳健运营与持续发展提供坚实保障。

在规划财务信息处理中心的架构蓝图时，我们必须将平台的可扩展性与灵活性置于核心考量位置。高校财务管理涵盖了多元化的业务模块与繁复的数据类型，因此，财务信息处理中心的构建需具备卓越的扩展潜能，确保能够灵活响应业务需求的动态变化，随时进行必要的扩展与升级，以支撑财务管理的持续演进。与此同时，设计应展现出高度的灵活性，以从容应对不同规模与复杂度的高校财务管理场景。这种灵活性不仅体现在对不同财务管理需求的广泛适应性上，还体现在能够满足不同用户群体的个性化需求上，确保平台能够在多样化的应用环境中保持高效运行。通过这样精心设计的架构，我们旨在构建一个既能够紧跟高校财务管理发展趋势，又能够精准满足用户需求的财务信息处理中心，为高校的财务管理提供强有力的支撑。

2. 网络的建设

在网络构建的审慎考量中，网络带宽与传输速率的规划占据举足轻重的地位。鉴于高校财务管理一体化平台需承载庞大数据量与信息的处理重任，确保充足的带宽与高速的网络连接显得尤为关键，这是保障数据高效传输与处理不可或缺的基础。在界定网络带宽与速率时，我们必须前瞻性地审视平台的使用规模、用户基数，以及未来潜在的扩展与升级需求，以确保网络架构能够满足长远的业务发展。

此外，网络构建还需将网络的稳健性与安全性纳入核心考量范畴。鉴于高校财务管理一体化平台触及大量敏感的财务数据与信息，网络的稳健运行与安全保障成了不容忽视的重中之重。在网络部署之际，我们应选用高品质的网络设备与前沿技术，以筑牢网络稳健运行的基石。同时，采取周密的安全策略与防护措施，构筑起坚不可摧的数据保护屏障，有效抵御数据泄露与网络侵袭的风险，确保财务数据的完整性与保密性得以充分维护。

3. 远程办公环境搭建

为了向分布于不同地域的高校校区以及因公差外出的师生提供稳定且安全的远程访问与查询服务，我们需精心部署一系列基础设施，包括但不限于配置适宜的服务器集群、构建坚固的防火墙防护体系等，如图 1-4 所示。这些举措旨在确保无论师生身处何地，都能便捷、高效地接入高校的财务管理系统，进行必要的数据查询与操作，同时保障整个连接过程中的数据安全与隐私保护。

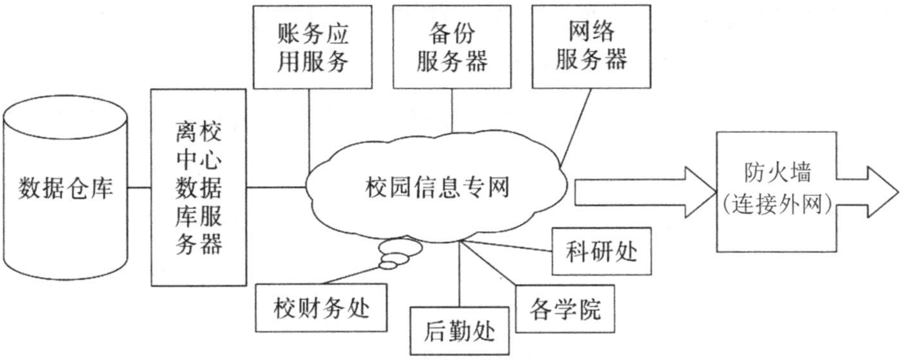

图 1-4　一体化平台网络构建

4. 云计算引入高校

作为一项前沿的信息技术领域，云计算技术已在高校财务管理一体化平台的构建进程中扮演了至关重要的角色。其被广泛应用于高等教育机构，旨在提供兼具高效性、灵活度与安全保障的计算资源与服务，为财务管理系统的稳健运行与持续发展奠定坚实基础。

云计算技术为高校带来了革命性的数据存储与管理解决方案。鉴于高校财务管理一体化平台对数据存储空间有着庞大的需求，用以容纳海量的财务数据与信息，传统的本地存储方案因其容量受限、扩展能力不足等问题而难以满足当前及未来的存储挑战。通过采纳云计算技术，高校能够充分利用云端存储服务的优势，实现数据的安全存放与高效备份。此外，云计算平台所提供的先进数据管理工具，使高校能够实现对财务数据的有效组织与精细化管理，从而确保数据的完整性、准确性与可靠性，为高校的财务管理决策提供坚实的数据支撑。

云计算技术在增强高校财务管理平台的可扩展性与稳固性方面展现出了显著优势。一个功能完备的高校财务管理一体化平台，需具备出色的扩展潜能，以便灵活应对高校规模的不断扩大以及业务需求的动态变化。借助云计算技术的引入，高校能够轻松且高效地实现平台的扩展与迭代升级，确保平台能够持续满足日益增长的财务管理需求。与此同时，云计算平台往往依托于高度可靠的运行环境与全方位的技术支持体系，这为财务管理系统的平稳运行与服务的持续可用性提供了有力保障。云计算服务商所提供的这些基础设施与技术支持，不仅能够有效降低系统出现故障的风险，还能在出现问题时迅速响应并提供解决方案，从而确保财务管理系统能够全天候稳定运行，为高校的财务管理活动提供坚实的技术支撑。

5. 开放互联网支付宝充值平台

为了推进高校财务管理一体化平台的构建进程，将互联网支付宝充值服务纳入其中，被视为一项至关重要的辅助策略。实施支付宝充值服务能够显著提升在校学生及教职员工在缴费过程中的便捷程度与支付满意度。依托支付宝平台，用户能够灵活地在任何时间、任何地点完成充值与缴费操作，摆脱了传统缴费模式在时间与空间上的束缚，从而极大地优化了用户的缴费流程，提高了缴费效率。

此外，引入支付宝充值服务对于增强财务管理的透明度与监督效能亦具有积极意义。支付宝平台内置了一套严谨且完善的支付流程与安全防护体系，能够充分保障资金流转的安全性与精确性。更为先进的是，该平台还配备了实时的数据追踪与分析功能，使财务管理部门能够即时监控资金动态，进行深入的数据剖析，为高校的财务管理工作提供时效性强、价值高的数据支撑与决策依据。

在高校财务管理一体化平台的构建中，将互联网支付宝充值平台作为核心配套举措之一，扮演着举足轻重的角色。该举措的实施，旨在通过引入支付宝平台，全面提升缴费流程的便捷度与用户的支付感受，进而提高财务管理的透明度，并优化监督效能。与此同时，它还有助于缩减管理成本，有效规避潜在风险，加速信息化与数字化进程，为高校财务管理工作注入源源不断的改进动力与发展活力，推动其向更高层次迈进。

（二）完善财务决策支持配套理论

财务部门肩负着一项关键职责，即为管理层提供详尽的财务信息，这些信息对于管理层在决策过程中作出准确判断具有不可估量的价值。在某些情境下，财务部门还需贡献新颖的视角，并基于现有数据对未来趋势进行科学的预测，从而为管理层的战略规划提供前瞻性的洞察与依据。①

1. 在高校数据仓库结构下构建财务决策支持系统

构建财务决策支持系统作为高校数据仓库架构下的一个关键环节，是推进高校财务管理一体化平台完善化的重要辅助策略之一。数据仓库扮演着集中收纳与管理海量数据的核心角色，而财务决策支持系统则是依托数据仓库而搭建，其根本目的在于为高校财务管理机构提供详尽且精确的数据资源，以助力其高效开展财务决策与深度分析工作。

为了构建高效的财务决策支持系统，首要任务是确立一个适用于高校财务数据的数据仓库架构。在这一过程中，需细致规划数据仓库的结构与模型框架，精心设计数据的存储布局与组织逻辑，并构建一套健全的数据抽取、转换及加载（ETL）流程，以确保数据的高准确性与完整性得以维系。此外，依据高校财务管理的特定需求与业务流程特征，对数据仓库实施科学合理的分区与层次划分至关重要。这一步骤旨在构建一套条理清晰、层次分明的财务数据架构体系，为财务决策支持系统提供坚实的数据支撑与基础。

在高校数据仓库架构的基础上，构建财务决策支持系统被视为优化财务管理一体化平台的一项关键举措。这一进程涵盖数据仓库的构建、系统集成的实现、数据分析工具与报

① 王显达．浅谈高校财务信息化建设的问题及解决方法［J］．辽宁师专学报（社会科学版），2012（2）：129-130.

表系统的开发，以及后续的系统测试、性能优化与日常维护工作。通过这些综合措施，能够为高校财务管理部门提供一套全面且精确的数据支撑体系，有力促进其财务决策的科学性与分析能力的提升。此举不仅有助于推动高校财务管理的现代化转型，还为其智能化发展奠定了坚实的基础。

2. 逐步推进财务决策支持系统的建设和人才培养

完善财务决策支持配套理论的关键路径在于循序渐进地推动财务决策支持系统的构建与人才培养进程。在这一过程中，关键在于引入前沿的数据挖掘与商业智能技术，构建财务数据存储的数据库与数据仓库体系，进而实现数据的集中管控与高效共享，为科学决策提供坚实的数据基石。

财务决策支持系统的成功建设，离不开对专业人才的深度培育与广泛吸纳。这要求培养一批兼具财务专业知识与信息技术背景的复合型人才，他们需精通财务数据分析、决策支持技术，并具备良好的业务洞察能力与高效的沟通协调能力。为此，应制订并实施一系列有针对性的培训与学习计划，旨在提升员工的专业技能与综合素养，激发其创新思维与工作激情，从而有力推动财务决策支持系统的稳健建设与高效运行。

完善财务决策支持配套理论的核心策略，在于有条不紊地推进财务决策支持系统的构建与人才培养进程。在这一过程中，关键在于整合并升级相关技术工具，加大对专业人才的培育力度并拓宽引进渠道，同时，对决策流程与模式进行深度优化。此外，还需强化对业务需求与用户反馈的精准分析与即时响应机制。这一系列举措将有力驱动财务决策支持系统的建设与实际应用，进而提升财务管理的科学性及运作效率，为高校财务管理工作的持续优化与进步注入强劲动力。

3. 信息安全保障制度建立

在财务决策支持配套理论的完善架构中，信息安全保障制度占据着举足轻重的地位，尤其是在推进高校财务管理一体化平台建设的宏伟蓝图中，其构建工作显得尤为关键。构建一套行之有效的信息安全保障制度，是确保财务数据得以周全防护的坚实盾牌。财务数据，作为高校财务管理的基石与命脉，蕴含着高校财务健康状态、运营绩效等核心资讯，其安全性与保密性不容丝毫懈怠。通过精心设计的信息安全保障制度，我们能够为这些宝贵的数据资源构筑起一道坚不可摧的防护网，从而维护高校财务管理的稳健运行与长远发展。

构建信息安全保障制度对于增强财务决策的精密度与可信度具有显著助益。精确的财务决策离不开精准且可靠的财务数据支撑，而这些数据的安全性正是由信息安全保障制度来捍卫的。一个健全的信息安全保障体系能够有力防范数据失真与错误的发生，从而大幅提升财务决策的精密度与可信度。

信息安全保障制度的构建对于提升高校财务管理的竞争实力与可持续发展潜能同样至

关重要。在信息化浪潮席卷全球的当下，信息安全已成为制约企业发展的关键战略要素。一个完善的信息安全保障制度，能够显著降低信息安全风险，为高校财务管理构筑起一道坚实的防护屏障，进而有力提升其竞争力与可持续发展潜能。

综上所述，信息安全保障制度的建立无疑是完善财务决策支持配套理论中不可或缺的一环。通过构建全面而有效的信息安全保障体系，我们不仅能够确保财务数据的安全无虞，提升财务决策的精准度与可信度，还能够进一步增强高校财务管理的公信力与社会形象，为其在未来的发展中赢得更多的竞争优势与可持续发展动力。

4. 智能化财务决策支持系统

智能化财务决策支持系统作为完善高校财务管理一体化平台的关键辅助手段之一，扮演着举足轻重的角色。该系统深度融合了前沿的信息技术与精密的数据分析手段，致力于为高校管理层提供一套全方位、精确无误且即时更新的财务信息集合，以及强有力的决策辅助。此举不仅有助于精简并优化财务决策流程，更能够显著提升决策过程的科学严谨性与执行效率。

尤为值得一提的是，智能化财务决策支持系统内置了卓越的数据分析能力。通过对海量财务数据的广泛搜集、系统整理与深度剖析，该系统能够敏锐捕捉数据间的潜在关联与内在规律，进而为高校管理层揭示更为深刻的数据洞察，为其科学决策提供更为丰富的信息依据。

智能化财务决策支持系统内置了高度智能化的辅助决策机制。该系统能够精准捕捉并响应高校管理者的实际需求与个性化偏好，自动为其量身打造一系列贴合实际的决策建议与实施方案。

智能化财务决策支持系统还展现了强大的多维度决策分析能力。它能够对财务数据展开全面而深入的多维度剖析与对比，助力高校管理者从多个角度全面审视并权衡不同决策方案的利弊得失，从而作出更为明智、更为精准的决策选择，引领高校财务管理迈向更加高效、科学的发展道路。

（三）借鉴资金项目化管理相关经验

高校财务管理工作的效能与质量，直接影响着校内各项事务能否顺畅推进，以及整个高等教育机构运作机制的稳定性与高效性。因此，对高校财务管理工作进行革新与升级，对于推动高校的全面改革与长远发展具有举足轻重的意义。通过引入先进的管理理念与技术手段，不断优化财务管理流程，提升财务决策的科学性与精确性，将为高校的持续进步与繁荣发展奠定坚实的基础。①

1. 高校资金的管理目标

高校资金管理的核心宗旨在于保障资金的妥善保管、高效运用及顺畅流转，从而为高

① 樊瑶．高校财务管理存在问题及其变革创新［J］．会计之友（下旬刊），2010（4）：36-37.

校的教学科研活动、学生服务及其他各项事务提供坚实的支撑。在这一总体目标中，确保资金的安全性占据着举足轻重的地位。资金作为高校不可或缺的宝贵资源，其安全稳固是高校维持日常运作与实现长远发展的基石所在。为实现资金安全这一核心目标，高校需构建一套完善而健全的资金管理体系与操作流程。这要求高校对资金的流动情况进行严密的监督与把控，同时，还需制定并执行一系列有效的风险防范与遏制措施，以全面降低各类财务风险的发生概率。通过这些努力，高校将能够确保其资金在安全稳健的轨道上运行，为高校各项事业的蓬勃发展提供强有力的经济保障。

高校资金管理的另一重要目标，在于不断优化资金管理效率与服务品质。随着信息技术的日新月异与管理理念的持续革新，高校资金管理工作正步入一个不断进化与完善的崭新阶段。为顺应这一趋势，高校亟须依托前沿的信息技术与管理工具，致力于提升资金管理的科学化程度与精细化管理水平。这不仅要求资金管理工作在流程设计、风险控制等方面实现精准无误，更需在服务提供上追求高效便捷，以期在全方位、多层次上为高校的发展建设与日常运营提供坚实可靠的保障与支持。

2. 建设资金项目化管理的目标

（1）资金全程化管理的核心追求在于实现对资金运用全链条的追踪与适时调控。借助项目化的资金管理策略，我们能对资金的流向实施全面监控，迅速识别并应对执行环节的挑战，从而确保经费规划既灵活又高效。此管理模式不仅提升了资金运作的透明度与规范性，更为高校财务管理的稳健前行提供了坚实支撑。

（2）资金项目化管理的一个关键目标在于缩减风险，提升资金使用效率。通过对预算制定、支出监管及使用效果分析等关键环节实施严格管理，我们能有效削弱财务风险，规避资金的不当使用与损耗。同时，借助精细化的资金管理手段，我们能最大化资金效用，实现资源的合理调配与高效利用。

（3）构建资金管理监控体系的宗旨在于对资金使用者的行为实施全方位监督，促进数据信息的无缝衔接与共享，削减冗余工作步骤，进而实现项目管理与资金运作的和谐统一。一个健全的监控体系能够迅速识别并修正资金管理中的缺陷与不足，确保资金的安全、合理使用，推动高校财务管理能力的整体跃升。

（4）引入远程预约报销机制，旨在为财务人员及师生行政人员创造更为便捷、高效的服务体验，这也是资金项目化管理的一个重要目标。通过预约机制，我们能更科学地规划资源与时间，减少无谓的等待与排队现象，从而提升报销效率与用户满意度。该机制的引入不仅能有效降低管理成本，还能优化工作流程，为高校财务管理带来显著的便利与效益提升。

3. 建设资金项目化管理可行性分析

作为高校财务管理一体化平台构建中的一项关键辅助策略，对资金项目化管理的可行性进行深入分析具有深远的实践意义。开展这一可行性分析工作，旨在全面审视并评估资金项目化管理模式在高校财务管理实践中的适应程度及其潜在效能。通过细致剖析高校的财务状况、管理诉求以及资源分配格局，我们能够更为精准地把握资金项目化管理模式的可行空间及其所蕴含的独特优势。这一过程不仅涉及对现有管理环境的全面审视，更要对未来发展趋势进行合理预判，从而为后续的资金项目化管理建设奠定坚实的理论基础与实践依据。此举旨在确保所采取的管理策略能够紧密贴合高校财务管理的实际需求，为财务管理效能的持续提升提供强有力的支撑与保障。

资金项目化管理可行性探究构成了高校财务管理一体化平台构建中不可或缺的辅助组成部分。经由这一可行性探究环节，我们能够系统评估资金项目化管理模式的契合度与成效，进而确立建设工作的核心目标与关键侧重点，清晰界定建设内容的具体范畴与边界。同时，该过程还涵盖了对潜在风险与挑战的全面审视，为资金项目化管理的顺畅推进与高效落实奠定了坚实的理论基础与实践支撑。

资金项目化管理模块细分为资金及计划申报、申报审核流程、支出精细化管理以及资金使用成效分析等多个维度。值得注意的是，财务信息系统并非孤立存在，而是与高校内部其他业务系统在预算执行阶段实现了紧密的数据交互与信息共享，具体数据交互情况参见表 1-2。这一设计旨在打破信息壁垒，促进各部门间的协同作业，从而进一步提升资金项目化管理的整体效能。

表 1-2　资金项目化管理模块的业务流程模块

资金申报与计划申报	资金申报审核	支出精细化控制	资金使用分析
由于预算编制是前瞻性的，属于事前的管理，是形成高校各种具体预算数据的过程，是预算管理系统的核心功能，一切基础定义都是为了预算编制的进行，预算控制和责任分析等功能也是围绕预算编制实现的。因此系统中应该设定好各类基础的编制参数信息，由学院或部门根据预算管理部门的指导意见，结合实际情况编制本部门下年度预算，并在申报系统中按系统要求填报	资金管理部门根据学院或部门提交的资金使用编制情况，结合全校的下年度预算总体安排合理有效配置高校资源，审核预算编制情况，以便全面协调高校的经济活动，在预算管理系统上一经审核通过的预算自动在账务系统生成控制参数，各学院或部门就需要严格按照审核通过的预算执行	支出控制是实际经济活动的监控，属于事中的管理。资金项目化管理系统与业务系统有紧密的联系，支出执行中的运行信息也主要由总账提供。系统通过实时通信的形式实现对每一笔支出都从预算信息中实时精细化控制	资金评价分析是对执行预算的结果进行比较，找出预算执行差异及造成差异的原因，属于事后的管理。通过设定的各类预算报表，决策者可以对资金总额、资金结余、核算项目金额等数据从不同角度、不同维度进行实时的查询，还可以根据高校的经营活动定义各类绩效分析报表

4. 建设资金项目化管理功能性需求

高校资金项目化管理体系依据管理职能的差异，被精心划分为三大核心板块。具体而言，这些板块包括：资金管理委员会（作为顶层管理机构，负责资金拨付计划的审慎审核及资金状况的全面查询）、资金运用部门（主要的资金消耗实体，需提交资金申请并在获得拨付后，合理规划资金的具体运用途径）以及财务调控部门（扮演着资金调配与监管的中间桥梁角色），相关详情参见表1-3。这三个核心板块共同依托于一个集成化的数据库平台运作，确保所提供的数据信息实时、一致且便于查询。这一设计旨在促进信息的透明流通，增强管理决策的精准性与时效性。

表1-3　资金项目化管理模块

资金管理委员会		资金运用部门		财务调控部门			
审核资金计划	资金情况查询	资金使用计划申报	资金金额分配及使用	资金情况查询	资金预算分配	资金执行控制	资金情况查询

5. 资金项目化管理系统架构

资金项目化管理系统的功能架构被精细地划分为三大核心组件：基础服务支撑平台（该组件涵盖了数据仓储功能，用于海量数据的存储与管理；用户权限管理体系，确保系统使用的安全性与合规性；以及通用接口服务，便于与外部业务流程实现无缝集成与整合）、财务管理业务操作平台（此平台承载着种类繁多的核心财务业务处理任务，是系统运作的中枢）以及统一对外信息服务门户（作为系统对外服务的唯一窗口，为用户提供便捷的信息获取途径），相关组件详情参见表1-4。各组件间通过先进的技术标准与接口平台实现数据的共享与交互，确保资金流、信息流以及业务流在系统中形成相互制约、完全同步的闭环体系。这一设计不仅增强了系统的整体效能，还确保了每笔信息业务的真实性与可追溯性，为资金项目化管理的高效运作提供了坚实的技术支撑。

表1-4　系统框架三个平台

基础服务支撑平台	财务管理业务操作平台	统一对外信息服务门户
数据仓库：用统一的数据标准建立发布数据仓库和业务数据仓库 用户权限管理：对单一用户建立单点登录，针对服务信息和业务信息、分别按用户角色统一规划权限 通用凭证接口：建立和外部业务子系统的通用凭证接口，可以由外部业务子系统根据业务流运转情况自动在账务系统中生成相应的凭证信息，实现资金流、信息流和业务流的同步。统一支付平台、日志管理和数据备份及恢复都与业务一体化系统是整合的	主要包含预约报销业务处理、薪酬发放业务处理、全面预算管理业务处理、账务核算、报表体系、票据管理业务、学生费用管理业务、各类经费管理业务、内部公文流转及信息发布等功能模块	搭建资金服务平台，包括预算申请和审核、资金报销申请、资金执行情况查询、资金预算调整

（四）深化高校财务与非财务部门协同

当前，各部门在数据处理方面呈现出相对孤立的态势，它们各自独立地完成数据的采集、加工、汇总工作，并通过单向渠道与其他相关部门进行数据交互。每当接收到新数据时，各部门均需重复执行一轮相同的处理与汇总流程。这种信息传递模式存在两大弊端：一是易导致信息传递的滞后，影响信息的时效性；二是在多次重复处理的过程中，增加了出错的风险。以后勤处为例，该部门负责提供水电费用清算及宿舍损坏赔偿等相关信息，具体数据如图 1-5 所示。鉴于学生需实时前往各部门结清个人费用，因此，为了获取最新的准许离校学生名单，必须有一个部门定期从其他部门收集最新的名单信息，并进行汇总处理。这一过程不仅耗时费力，而且极易出现人为错误，降低了工作效率与数据准确性。

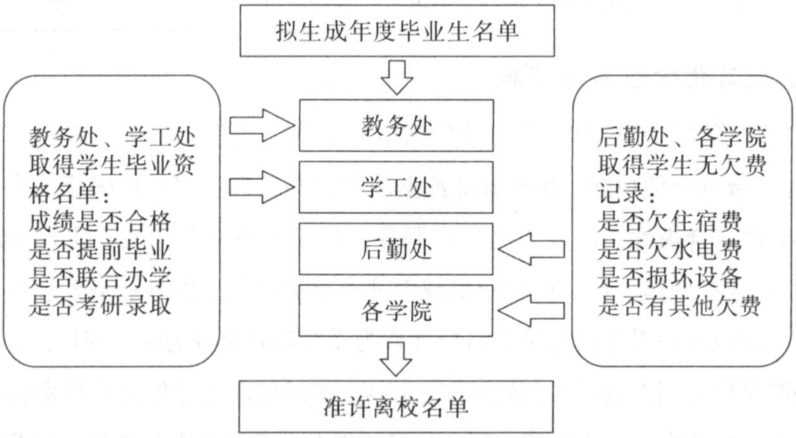

图 1-5　不欠费的毕业生准予离校名单筛选过程

在实施一体化平台以促进跨部门协同作业后，毕业生的相关信息得以由各部门统一收集、处理，并即时上传至该集成平台之上。这一变革使信息的处理模式由传统的线性流程转变为并发的实时处理模式。无论是各部门还是学生本人，均可便捷地查询离校所需条件的完成情况。该一体化平台通过高效整合并即时传递各部门间的信息，显著缩减了信息整理与传递的时间成本，从而在最大限度上优化了时间、人力及物力资源的配置，具体的工作流程如图 1-6 所示。

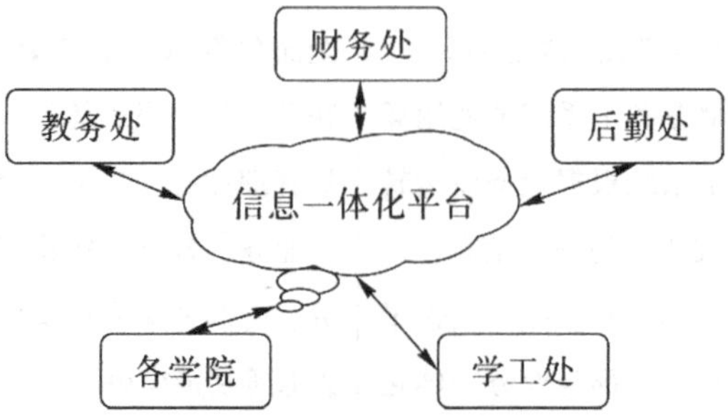

图 1-6　采用一体化后财务与非财务部门协同

第三节　高校财务管理现状分析

当前，高校财务管理的现状展现出了多维度的特征。一方面，随着高校规模的持续扩张，其财务管理的范畴与资金体量随之不断增大，财务活动的复杂程度日益加深。另一方面，信息化建设已成为高校财务管理的重要趋势，众多高校积极构建财务管理信息系统，此举显著提升了财务管理的效率与精确度。然而，高校财务管理在迎来发展机遇的同时，也面临着日益严峻的挑战与压力。其中，财政拨款的相对不足以及财务风险的逐步上升成为两大主要问题。此外，高校财务管理在制度构建与内部控制方面仍存在一定的短板，如财务制度尚待完善、内部控制机制不够严密等。综上所述，高校财务管理的现状虽呈现出积极发展的态势，但仍需正视并解决诸多挑战与问题。因此，进一步加强管理措施、优化改进策略，对于推动高校财务管理的持续健康发展具有重要意义。

一、高校财务管理工作的现状

（一）高校财务管理工作取得的进展

1. 内部控制方面

在高校财务管理的实践进程中，内部控制领域取得了颇为瞩目的进步。各大高校致力于强化内部控制机制的构建，成功搭建起一套完备的内部控制架构与规章制度体系。在这一过程中，高校尤为注重提升教职工及管理人员在内部控制方面的认知与能力，通过一系列内部控制培训与教育活动，不断深化教职工对内部控制内涵的理解与把握，进而增强了他们在财务管理中的责任感与使命感，为内部控制的全面贯彻与高效运作奠定了坚实基础。

与此同时，高校在内部控制的监督与评估环节亦不断加大力度，成功构建了一套行之有效的内部审计与监督管理机制。这一机制不仅加强了对财务活动的全面监督与细致检查，还确保了内部控制措施得以切实执行。在此基础上，高校还积极推进内部控制的信息化建设，积极引入前沿的信息技术与管理软件，以此推动内部控制工作的智能化与数字化转型，进一步提升了内部控制的精准度与效率。

2. 信息技术和环境方面

高校财务管理工作在信息技术应用与信息环境构建方面取得了瞩目的进展与成就。在信息技术层面，财务管理工作已经顺利迈入了数字化与智能化的崭新阶段。得益于信息技术的日新月异，高校财务管理系统经历了全面而深入的革新与优化，成功实现了由传统手工操作模式向现代化信息管理模式的跨越式转变。

在信息环境维度，高校财务管理工作正展现出日益多元化与开放化的鲜明趋势。随着信息技术的广泛普及与深入应用，信息环境日益呈现出开放互联的崭新面貌。在此背景下，高校之间以及高校与外部单位之间的信息交流与合作变得愈发频繁且便捷，为财务管理工作的高效开展与持续优化创造了更为有利的外部条件。

在高校财务管理的广阔领域中，信息技术的革新与信息环境的变迁为其带来了显著的进步，但同时也暴露出一系列新的问题与挑战。为了有效应对这些复杂局面，持续推动财务管理工作向数字化、智能化及开放化的更高层次迈进，我们必须不遗余力地加强技术创新与管理创新的双重驱动，并着力完善信息安全保障体系。技术创新不仅要求我们在技术手段上进行革新，更需关注这些新技术如何与财务管理工作深度融合，以提升整体管理效能。同时，管理创新则强调在制度设计、流程优化等方面寻求突破，以适应信息技术快速发展所带来的管理需求变化。在此基础上，构建一套健全的信息安全保障机制，对于防范潜在的信息安全风险、确保财务数据的准确性与完整性具有至关重要的作用。只有全面加强技术创新与管理创新，并不断完善信息安全保障体系，我们才能更好地应对高校财务管理工作中面临的新问题与新挑战，推动其持续健康发展。

3. 会计核算和信息方面

高校财务管理工作在会计核算与信息化建设领域取得了显著的进步与发展。这一显著进步具体体现在会计核算体系的优化与信息化管理的全面深化两大方面。

在会计核算领域，高校财务管理已经成功构建起一套更为科学、严谨且符合规范的会计核算体系。该体系不仅严格遵循国家会计准则及相关法律法规的各项要求，更充分融入了高校独特的管理需求与特点，确保了会计核算工作的精准性与规范性。

而在信息化建设方面，高校财务管理已经迈入了信息化管理全面覆盖的新阶段。借助先进的信息技术手段与高效的管理系统，高校财务部门成功实现了财务信息的集中化管理与实时化更新。这一变革不仅极大地提升了财务信息的处理效率与准确性，更为高校财务管理工作的智能化、精细化发展奠定了坚实的基础。

（二）高校财务管理工作存在的问题

1. 信息化建设缓慢

高校财务管理工作在信息化建设进程中遭遇了进展迟缓的困境。信息化建设作为提升高校财务管理效能的关键一环，其重要性不言而喻，但在实际操作层面却面临着多重挑战与阻碍。具体而言，部分高校在信息化建设领域的投入力度明显不足，资金与技术支持的匮乏使财务管理工作的信息化需求难以得到充分满足。此外，管理层对于信息化建设的重视程度有待提高，决策层的支持缺失与推动不力成为制约信息化建设深入推进的重要因素。更为关键的是，高校财务管理的信息化建设往往需要跨越多个部门的界限，实现各部门间的紧密协同与高效配合。然而，在实际操作中，这种跨部门合作面临着较大的协调难度，缺乏有效的沟通与协作机制成为信息化建设成效的又一瓶颈。综上所述，高校财务管理工作在信息化建设方面仍需克服诸多困难与挑战，以期实现更为稳健与高效的发展。

2. 管理体系有待提升

在高校财务管理的实践探索中，管理体系的优化升级成为亟待解决的关键问题。这一体系的现存缺陷主要体现在规范性缺失、信息化程度滞后以及决策效率低下等多个维度。

首先，管理体系的规范性不足问题尤为凸显。部分高校在财务管理制度与流程的建设上尚显薄弱，存在管理制度不健全、流程设置不清晰等弊端，进而引发管理活动的无序与混乱，极大地增加了财务管理的风险系数与不确定性。这种规范性的缺失，无疑为财务管理的稳健运行埋下了隐患。

其次，管理体系的信息化水平亟待提升。当前，仍有部分高校沿用传统的手工操作与纸质文档管理模式，信息化手段的缺失导致财务数据的收集、处理与分析工作效率低下，难以有效支撑管理决策的制定与实施。这种信息化程度的滞后，不仅限制了财务管理效能的发挥，也难以满足高校快速发展的管理需求。

最后，管理体系的决策效率问题同样不容忽视。信息化水平低下、管理流程不规范等多重因素的综合影响，高校财务管理中的决策过程往往耗时长，管理人员需投入大量精力进行数据的收集与整理，导致决策制定的延迟与滞后，进而对高校的整体运营与发展产生了不利影响。

3. 流程改变的阻力大

高校财务管理实践中面临的一个显著挑战在于流程变革遭遇的较大阻力。这一阻力源自流程变革所触及的组织架构、作业模式、人员配置等多个层面的深刻调整，其推进过程往往受到多元因素的制约与阻碍。

员工对于既有流程的依赖与惯性思维构成了阻碍流程变革的重要因素。在长期的职业实践中，员工逐渐形成了稳定的工作范式与思维模式，面对新的流程变革，他们可能会表现出强烈的不适应与抵触情绪，甚至滋生排斥与抗拒的心理倾向，这无疑加大了流程变革的推行难度。

流程变革还可能触发组织内部的权益纷争与职权博弈。在新流程的实施过程中，岗位职责的重新界定、权责分配的调整等敏感议题往往容易成为各部门间权益冲突的焦点，导致流程变革的进程受到严重干扰，难以顺畅推进。

流程变革还面临着来自外部环境与政策法规的双重约束。高校财务管理作为高度受监管的领域，其任何流程变革都必须严格遵循相关法律法规的规定与标准，否则可能面临法律风险与责任追究，这无疑进一步增加了流程变革的复杂性与挑战性。

综上所述，高校财务管理在推进流程变革的过程中，需克服来自员工惯性、组织内部权益纷争以及外部环境与政策法规的多重阻力，以确保变革的顺利实施与有效落地。

4. 财务绩效评价缺失

高校财务管理领域面临着一个亟待攻克的关键挑战，即财务绩效评价机制的缺失。当前，由于尚未构建起一套行之有效的财务绩效评价体系，高校财务管理的绩效水平难以得到客观、科学的评估与衡量。这一现状不仅削弱了管理工作的指导与监督效能，还极易引发管理活动的盲目性与效率低下问题。

财务绩效评价机制的空白，进一步导致了高校财务管理目标与任务的模糊化。在缺乏量化和可衡量绩效指标的情况下，财务管理工作失去了明确的方向性与针对性，管理效果的衡量与评价变得困难重重。这种目标不明确、任务不具体的状况，不仅阻碍了财务管理工作的高效开展，还导致了财务资源的无谓浪费与利用效率的低下。

综上所述，高校财务管理领域财务绩效评价机制的缺失已成为制约其管理效能提升的关键因素。为有效解决这一问题，亟须构建一套科学、完善的财务绩效评价体系，以明确管理目标、量化绩效指标，进而提升管理工作的指导性与监督性，确保财务资源的合理配置与高效利用。

5. 内部控制机制不完善

高校财务管理领域面临着一个显著的问题，即内部控制机制的健全性有待提升，这对财务管理的规范性与有效性构成了严峻挑战。内部控制机制的不完善，直接导致了财务管理在风险控制层面的显著缺失。由于缺乏全面且有效的内部控制机制，高校财务管理中的潜在风险难以被准确识别与有效控制，进而诱发了诸如财务欺诈、资金违规挪用等一系列不规范行为，这些行为不仅扰乱了财务管理的正常秩序，还严重损害了高校的声誉与信誉。

内部控制机制的不完善还引发了财务信息准确性与可靠性的下降。一个健全的内部控制机制是确保财务信息录入与处理准确无误的重要保障。然而，在当前情况下，缺乏有效的内部控制，财务信息在处理过程中出错的风险显著增加，导致财务报告的真实性与可靠性受到严重质疑。这种情况不仅会对高校内部管理层的决策制定产生误导，还可能对外部利益相关者，如投资者、债权人等，产生不利的信号效应，进一步削弱高校的公信力与社会形象。

高校财务管理中内部控制机制的完善性不足已成为制约其规范性与有效性提升的关键因素。为有效应对这一挑战，高校亟须加强内部控制机制的建设与优化，以提升财务管理的风险控制能力与信息质量，从而确保财务管理的稳健运行与高校的持续健康发展。

高校财务管理领域面临着一个核心问题，即内部控制机制的构建尚不完善，这一问题对财务管理的规范性、运作效率以及透明度产生了直接的负面影响。为了从根本上解决这一挑战，高校亟须强化内部控制机制的建设力度，致力于构建一个全面且有效的内部控制体系。高校应当注重内部控制体系的健全与完善，确保其在风险管理与监督检查两大核心职能上发挥实效。在风险管理方面，应通过细化风险识别、评估与应对策略，实现对潜在财务风险的精准把控与有效防范。而在监督检查层面，则需建立健全监督机制，通过定期审计、内部核查等手段，确保财务管理活动的合规性与高效性。通过这一系列举措的实施，高校不仅能够显著提升财务管理的规范性，还能有效提高其实施效率与透明度，从而为高校的稳健发展提供坚实的财务保障。综上所述，加强内部控制机制的建设，构建健全的内部控制体系，已成为高校财务管理领域亟待推进的关键任务。

6. 业务和财务的协同性弱

在高校财务管理的实践中，业务与财务之间的协同性不足已成为一个显著的问题，对高校的整体管理构成了多重挑战。具体而言，业务与财务两大部门之间缺乏有效的沟通与协调桥梁，这一现状在实际工作中引发了信息传递的梗阻与沟通渠道的闭塞。由于业务部门与财务部门之间的信息交流不畅，业务部门往往难以全面、准确地把握财务状况，而财务部门也难以深入了解业务活动的具体细节与需求。这种信息不对称的状况，不仅加剧了部门间的隔阂与误解，还严重阻碍了业务与财务之间的协同合作，进而影响了财务管理的整体有效性与运作效率。

因此，业务与财务之间协同性的缺失，不仅削弱了财务管理的决策支持功能，还限制了其在资源配置与风险管理方面的作用发挥。为了有效应对这一挑战，高校亟须构建更为紧密的业务与财务协同机制，通过优化信息传递流程、拓宽沟通渠道等措施，实现两大部门之间的无缝对接与高效协同，从而提升财务管理的整体效能与高校的竞争力。

在高校财务管理的实践探索中，业务部门与财务部门在目标与利益取向上展现出明显的差异性。业务部门致力于业务范围的拓展与服务品质的提升，而财务部门则侧重于财务成本的严格管控与经济效益的优化。这种目标与利益的分歧，在一定程度上造成了业务部门与财务部门之间的合作障碍，影响了双方协同工作的流畅性与效率。

进一步观察发现，高校财务管理工作中业务与财务协同性薄弱的问题，其具体表现不仅限于目标与利益的冲突，还涵盖了沟通协调机制的梗阻、工作流程与信息系统的割裂，以及缺乏统一的绩效评价与考核机制等多个层面。这些问题的存在，不仅加剧了业务与财务部门之间的隔阂，还限制了财务管理综合效能的充分发挥与服务水平的持续提升。

为了有效应对上述挑战，高校亟须采取一系列针对性措施。首先，应建立健全沟通协调机制，增强部门间的信息交流与理解，为双方协同工作奠定坚实基础。其次，需对业务流程与信息系统进行优化整合，打破信息壁垒，实现数据的互联互通，提升工作效率。最后，应制定统一的绩效评价与考核标准，确保业务与财务部门在目标追求上的一致性，促进双方的良性互动与协同合作。通过这些举措的实施，有望显著增强高校财务管理的综合效能，提升服务水平，为高校的稳健发展提供有力支撑。

7. 财务人员素质有待提高

在高校财务管理的实践进程中，财务人员素质的提升成了一个亟待解决的关键议题。财务人员作为财务管理的核心驱动力，其综合素质对于财务管理工作的效率与质量具有深远影响。然而，当前部分财务人员的专业素养与综合能力尚待进一步提升。

一些财务人员在财务管理专业知识与技能方面存在明显短板。财务管理作为一项复杂且精细的工作，要求财务人员必须拥有扎实的专业理论基础与丰富的实践经验。然而，部分财务人员在这一领域的知识储备与实践经验尚显不足，难以有效应对复杂多变的财务管理挑战。

部分财务人员在沟通与协调能力上也存在一定的提升空间。财务管理工作往往需要与多个部门及外部单位进行紧密协作，这就要求财务人员必须具备良好的沟通与协调能力，以确保信息的准确传递与任务的顺利执行。然而，一些财务人员在沟通与协调方面表现出一定的局限性，这不仅影响了工作效率，还加大了部门间的合作难度。

综上所述，高校财务管理工作中财务人员素质的提升已成为一项紧迫任务。为了有效应对这一挑战，高校应加大对财务人员的培训与教育力度，致力于提升其专业素养与综合能力，从而推动财务管理工作的高效运行与持续改进。

（三）高校财务管理工作流程的优化

1. 高校财务管理流程优化的内容

（1）预算管理模式的革新与优化在新时代背景下显得尤为重要，特别是在构建我国高校预算管理框架的过程中。改革的焦点应聚焦于预算管理组织结构的调整、运行机制的完善、预算编制方法的创新以及监督体系的强化等多个维度。高校作为一个复杂而多元的系统，其运作流程涵盖了众多单位和部门，这些单位与部门共同致力于满足多元化的公共需求。值得注意的是，这些公共需求并非单一层面，而是呈现出一定的层次性特征，其划分的主要依据在于受益范围的广泛程度与具体界限。受益范围的界定不仅关乎资源配置的效率与公平性，也是构建科学合理预算管理模式不可或缺的一环。因此，在探索预算管理模式的优化路径时，必须充分考虑高校运行过程的复杂性与公共需求的层次性，以确保预算管理模式的构建既符合高校的实际情况，又能有效应对新形势下的各种挑战。

预算的有效运作离不开健全的内部组织架构与高效的内部责任体系的支撑。预算管理所依托的运行机制与组织框架，是确保预算执行到位、达成预算目标不可或缺的组织保障。已核准的财务预算执行情况，对于衡量高校年度工作绩效具有决定性作用，并对高校事业的长远发展及战略规划产生深远影响。然而，当前高校预算管理实践中，审批与监督机制显著缺失，这一状况从预算的编制起始，一直延续至执行与监督的全过程，亟须得到全面加强。为了保障预算能够得到有效执行，我们提议进一步加大预算执行的推进力度，并强化刚性管理原则，确保预算执行的严肃性与不可动摇性。在此基础上，我们建议将经济指标、预算执行成效与干部任期内的目标考核紧密挂钩，以此作为激励与约束的双重机制，更充分地激发各方面的积极性与主动性，确保预算能够得以高效、准确地执行。这一举措不仅有助于提升预算管理的整体水平，更能为高校的稳健发展提供坚实保障。

高校会计隶属于行政事业单位会计范畴，其核心构成在于预算管理与控制活动。在精心制订全面的预算方案后，其核心环节在于整个执行流程中的经费管控。经费管控的焦点集中于具体的经费项目上，通过采用独特的经费项目编码系统进行细致分类，进而设立多样化的经费项目账目，以实现审计对象与内容的精确划分。针对部门经费预算的执行状况，所出具的审计报告可作为评估相关部门负责人经济责任履行情况的关键参考。这份审计报告不仅详细记录了部门经费的实际使用情况，还反映了负责人在财务管理中的责任担当。此外，由高校校长或院长审批通过的年度财务预算与决算的审计报告，应当向高校的教职工代表大会进行全面公布，以确保财务信息的透明度与公开性。这一做法不仅有助于提升高校财务管理的规范化水平，还能增强教职工对财务管理工作的监督与参与意识，共同推动高校财务管理工作的健康发展。

（2）财务监督模式与管理手段的优化升级对于高校预算管理而言至关重要。为了确保高校预算的顺利执行，需要设立专门的预算执行机构来承担这一重任，并负责对高校资金账户的集中管理。这一管理流程涵盖了预算的编制、执行以及决算等多个关键环节，旨在构建一个系统化的预算管理框架。为了进一步强化预算管理的效能，财务部门可以考虑设立预算管理科室或中心，作为辅助机构来协助完成预算的编制与审核工作。这些专业机构不仅能够提供专业的技术支持，还能够确保预算管理的科学性与规范性。实施会计委派制度也是提升财务监督效果的重要举措。通过向各个基层预算单位委派专业的会计人员，可以实现对这些单位财务状况的精准核算与有效监督。这一制度不仅能够确保财务数据的真实性与准确性，还能够及时发现并纠正财务管理中存在的问题，为高校的稳健发展提供有力保障。

高校可充分利用网络平台实现审计与会计信息的资源共享，以此途径来提升工作效率与质量。在此过程中，审计工作人员及其所属机构务必恪守职业准则，秉持客观公正的原则，同时，对于所接触的数据与事项，需加强保密措施，确保信息安全无虞。高校的财务决算审计与预算执行工作旨在达成既定的目标成效，以此推动经济活动的透明度提升，并进一步强化预算管理体系。通过这些努力，经费的使用效益将得到显著提升，为高校的稳健发展提供有力支撑。基于上述分析，我们构建了如图 1-7 所详细展示的审计流程，该图直观地呈现了审计工作的关键步骤与流程，为审计实践的规范化、高效化提供了有力保障。

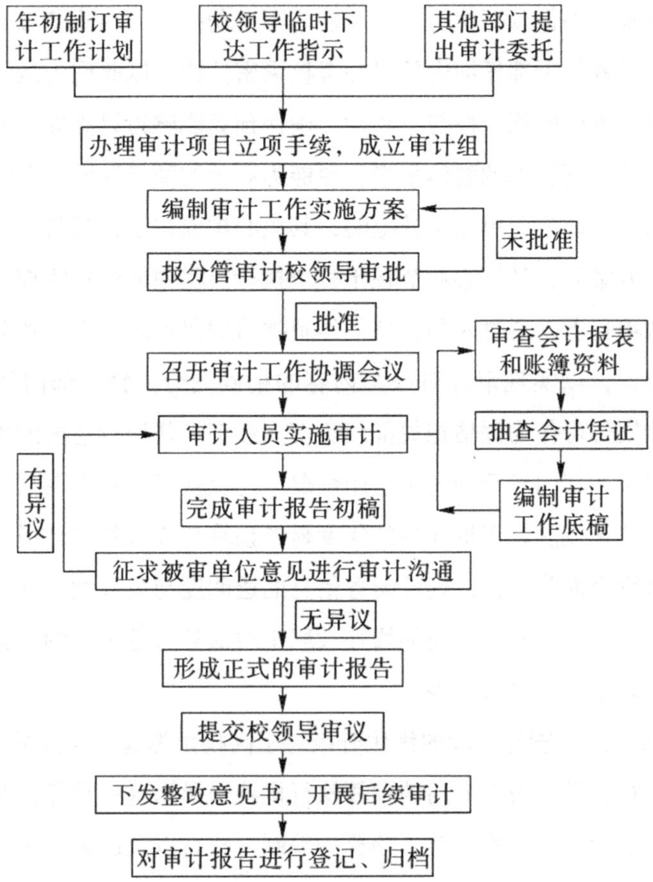

图 1-7 审计流程

（3）优化资金管控机制是提升高校财务管理效能的关键举措。以往，高校普遍采用设立专项资金结算机构的模式，来实现对校内资金的集中管理。这一机构不仅承担着校内资金的汇集任务，还为校内各单位提供便捷的资金结算服务，有效促进了校内资金的流转效率。在此基础上，该资金结算机构还积极拓宽筹资渠道，通过多元化的筹资方式，为高校的发展筹措了必要的资金支持。这些资金不仅为高校的日常运营提供了有力保障，更为高校的长远规划与战略发展奠定了坚实基础。通过设立专项资金结算机构并不断优化其运作机制，高校得以实现对校内资金的集中、高效管理，为高校的稳健发展提供了坚实的财务支撑。

2. 高校财务管理流程优化的程序

（1）流程目标的确立与导向。高校财务管理的核心旨趣在于确保管理流程的高品质与高效能运行，同时力求实现经济利益与社会效益的最大化。这具体涵盖了预算执行、融资投资决策、成本控制策略及资源配置规划等一系列目标，旨在全方位提升财务管理的综合效能。

（2）流程规划与设计阶段。在此关键阶段，我们需精心策划必要的行动蓝图、活动规划及工作细节，以确保各项工作的顺畅推进。这包括明确指挥体系与执行责任，设定具体的工作时间表、周期安排，以及细化每个环节的内容与实施方式，为流程的顺利执行奠定坚实基础。

（3）流程的现状分析与诊断。针对现有财务流程进行深入分析与诊断，其重点在于对预算管理、执行监控、财务核算、成本控制及内部控制等核心环节的细致剖析，旨在识别潜在问题与改进空间。

（4）流程的优化设计与重构。在优化设计阶段，我们将全面审视整个管理流程的优缺点，结合实际工作特性提出有针对性的改进策略，涵盖管理流程的重构、组织结构的调整及管理制度的革新等方面。新方案可通过部门审议或试点运行等方式进行验证，逐步形成更加科学合理的财务管理机制。

（5）流程的试运行与完善调整。在新流程正式实施前，我们计划进行一段时间的试运行，以观察其实际效果并收集反馈意见。通过对试运行过程的深入分析与总结，我们将进一步完善实施计划，确保流程的持续优化与升级。同时，建立定期的财务分析机制，为管理层提供决策支持。

（6）流程效果的评价与持续改进。在流程完善后，我们将对其实施效果进行全面评价，并根据评价结果进行相应的调整与优化。鉴于任何新方法均非尽善尽美，我们将持续关注高校的发展方向与财务管理目标，不断反思与调整管理流程，以确保其适应性与有效性，为高校的稳健发展提供坚实保障。

3. 高校财务管理流程优化的办法

（1）完善财务管理机制。

①精心规划并精确编制财务预算。作为高校财务管理的中枢环节，财务预算的编制需严格遵循量入为出、量力而行及收支平衡的基本原则，确保预算内容的科学性、合理性及可行性。

②构建项目储备库，优化经费配置机制。项目储备库的建立有助于高校精准预测未来几年的发展规划与工作导向，并在面对突发事件时灵活调整策略。各学院应积极构建项目储备库，依据自身实际情况对项目进行细致归类与整合，确保预算项目内容详尽、金额合理。对于大额支出项目，应成立专项领导小组进行统筹管理。同时，高校应推行以绩效为核心的管理模式，通过深入剖析项目支出需求，科学评估预算编制的实用价值与实施成效，进而提升预算执行的效率与质量。

③推行以绩效为引领的管理模式。针对不同类型的经济活动，预算编制应灵活应变，遵循合理分类、用途清晰、稳步推进的原则，构建与公共财政改革相适应的预算绩效评价机制，以此激发各学院的积极性与创造力，进一步提升预算执行的效能。

④强化各学院内部控制体系建设。内部控制制度的完善对于高校财务管理而言至关重要。各学院应结合自身特点，设计科学合理的财务管理办法，加强内部控制，构建全面、系统的财务管理框架。一个健全、完善的财务管理制度能够规范工作流程，降低错误发生率，有效控制经费支出，提升经费使用效率，确保财务管理的公正性与科学性。

⑤全面优化并健全财务组织架构。高校应紧抓财务管理流程改革的契机，全面完善财务组织架构，打造高效、有序的管理系统。各学院应设立专职财务岗位，构建分级授权审批机制与公开透明的监督体系，确保财务信息的真实性与准确性，从而提升财务工作的质量与效率，为高校的稳健发展奠定坚实基础。

（2）构建一支卓越的财会工作团队是当下高校财务管理面临新挑战与发展机遇的关键举措。在财务管理领域，迫切需要组建一支自主独立的财会专业队伍，该队伍应由学院管理层与财务部门协同指导与管理。团队成员需展现出卓越的专业能力，确保能够胜任复杂多变的财务工作，并兼具出色的职业素养，以高度的责任心与敬业精神投入日常工作中，共同推动高校财务管理水平迈上新台阶。

二、高校财务管理转型的现状

当前，高校财务管理转型的态势展现出丰富的多样性与深层的复杂性。随着社会经济的持续进步与科技的日新月异，高校财务管理正步入一个由传统模式向现代化、信息化深刻转型的新阶段。

在追求现代化的征途中，众多高校日益重视财务管理的专业化与职业化构建，积极吸纳具有深厚财务专业背景及丰富经验的人才加入，旨在全面提升财务管理人员的专业素养与综合能力。与此同时，部分高校还着力强化了内部控制与审计监督机制，通过构建完备的财务管理制度与流程，进一步增强了财务管理的规范性与实效性。

在信息化领域，诸多高校已迈出重要步伐，积极引入前沿的信息技术与管理软件系统，成功搭建起数字化的财务管理平台与系统。这些先进系统能够实现对财务数据的自动化采集、高效处理与精准分析，从而极大地提升了财务信息的时效性与准确性。

从战略性的高度来看，一些高校已将财务管理深度融入整体战略规划与发展策略之中，明确强调财务管理在高校发展蓝图中的核心地位与支撑作用。他们高度重视财务管理与高校各项工作的紧密协同，致力于财务资源的科学配置与高效利用，以期助力高校整体发展目标的顺利达成。

在国际化层面，随着高校国际化步伐的不断加快，财务管理亦面临着前所未有的复杂挑战与宝贵机遇。高校亟须加强国际财务管理与风险控制能力，不断提升财务管理的国际化水准与综合竞争力。同时，还需深化国际合作与交流，积极借鉴国际先进的财务管理理念与实践经验，有力推动财务管理的国际化进程。

综上所述，高校财务管理转型的现状虽呈现出多样性与复杂性，但整体上却展现出蓬勃向上的积极态势。随着社会经济的蓬勃发展与高校管理理念的不断革新，高校财务管理必将迎来更加辉煌灿烂的明天。

（一）高校财务智能化的内涵和意义

1. 数据精准，防控风险

高校财务智能化所蕴含的深层意义之一，在于实现财务数据的精细化管理，从而有效防范并控制多样化风险。所谓财务数据的精细化管理，即借助前沿的信息技术工具与深入的数据分析策略，对高校财务数据进行全方位、精确无误的收集、存储、整合及深度剖析，并据此制订出一系列具有针对性的风险管理方案与应对措施。

进一步而言，高校财务智能化的核心要义之一，便在于通过构建智能化的财务管理平台与数据分析体系，显著提升财务数据的精确度和可信度。这一举措能够促使我们迅速发现并准确识别出潜藏于财务数据中的各类风险隐患，进而大幅提升决策过程的效率与科学性，为高校财务管理的稳健前行提供坚实有力的数据支撑与决策依据。

综上所述，高校财务智能化不仅有助于实现财务数据的精细化管理，更在风险防控方面展现出显著优势，为高校财务管理的长远发展奠定了坚实基础。

2. 提高效率，提升服务

提高效率，提升服务，构成了高校财务智能化内涵及意义的关键一环。高校财务智能化的核心目标之一，在于借助先进的信息技术与高效的管理工具，实现财务管理工作的效率与成效的双重提升，进而推动服务品质与标准的显著跃升，以更全面、更精准地满足高校内外部各方的需求与期望。

提高效率，提升服务，对于改善高校的内部管理体系与外部形象同样具有深远影响。通过提高财务管理的效率与服务层次，高校能够更有效地配置资源，实现财务预算与支出的精细优化，增强管理决策的科学性与精准度，为高校的稳健发展与长期可持续发展奠定坚实基础。与此同时，服务质量的提升还有助于塑造高校的良好品牌形象，增强其对外的吸引力与竞争力，进一步拓宽高校的社会认知广度与影响力深度，为高校的全面发展注入新的活力与动力。

高校财务智能化的关键要素与深远意义之一，在于其能够显著提高工作效率与优化服务品质。通过整合智能化技术与先进工具，实现财务管理流程的自动化与智能化升级，不仅能够有效提高工作效率，还能够大幅度提升服务标准与质量。这一变革不仅深刻改善了高校内部的财务管理体系，优化了资源配置与决策流程，还显著提升了高校在外部环境中的形象与声誉，为高校的全面发展与进步注入了新的活力与动力。智能化技术的应用，不仅推动了财务管理工作的革新，更为高校的长远发展奠定了坚实的基础。

（二）高校财务智能化的瓶颈和问题

1. 预算决算体系尚未有效统一

高校财务智能化进程中所面临的一项核心障碍与挑战，在于预算与决算体系尚未实现充分且有效的整合统一。这一现状给高校财务管理带来了诸多复杂难题与实际困扰。具体而言，预算与决算体系间的非统一状态，引发了信息不对称的问题，使预算编制与执行过程中的信息与最终决算结果之间存在显著的不一致。

在实际财务运作中，预算的制定与实施往往难以精准反映最终的决算实况，导致财务数据呈现出较大的偏差与不确定性。这种信息的不准确性与不可靠性，不仅深刻影响了高校财务管理决策的科学性与执行的有效性，还可能潜藏诸多不必要的财务风险，给高校的整体财务管理带来额外的压力与挑战。因此，预算与决算体系的整合统一，成了高校财务智能化进程中亟待解决的关键问题。

高校在推进财务智能化的过程中，遭遇了一个显著瓶颈，即预算与决算体系尚未实现有效的整合统一。此问题构成了当前高校财务智能化进程中的一大障碍。为了破解这一难题，高校亟须强化预算与决算之间的沟通桥梁，促进二者之间的紧密协作，进而构建起一套完备且高效的预算决算管理体系。该体系的建立，旨在确保预算规划与最终决算结果之间的高度一致性与精确性，从而夯实高校财务管理的智能化与信息化基础，推动其向更高层次迈进。通过这一系列举措，高校财务管理的精准度与效率将得到显著提升，为财务智能化的深入发展铺平道路。

2. 智能报销环节尚未成功建立

尽管当前高校普遍采纳了以网上预约报销为核心的无等待报账机制，实现了报销流程的高效便捷化，然而，在这一机制的实际运作中，纸质材料的提交依然占据主导地位。报销人员需遵循一系列烦琐的步骤，包括收集并整理报销所需的各类票据及文件、认真填写报销申请表单，以及将整套材料提交至财务部门以供详尽审核，这一系列流程如图 1-8 所示，清晰地展现了当前报销操作的复杂性与多步骤性。

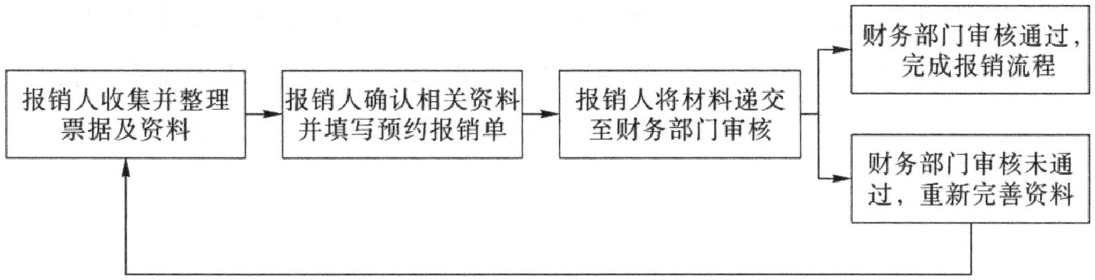

图 1-8 高校财务报销流程

3. 内控管理尚未借助技术支撑

高校在推进财务智能化的进程中，遭遇了一个尤为突出的挑战，即内部控制管理尚未充分利用技术手段的支持。这一现状构成了制约高校财务管理向智能化迈进的关键因素，导致高校在构建真正智能化的财务管理体系上步履维艰。由于缺乏技术的有效赋能，高校财务管理的运作效率难以得到实质性提升，同时，财务体系的透明度也受到了不利影响，从而对整个财务管理体系的效能与公信力构成了潜在威胁。

当前，众多高校在内部控制管理方面仍主要沿袭传统的手工操作模式与人工审核流程，缺乏自动化与智能化技术的深度融合与支持。这一现状使财务流程中的多个关键环节暴露在潜在的错误与风险之中，因为人为操作不可避免地可能引入误差与疏漏。与此同时，随着高校财务管理需求的日益复杂化与规模化，传统的内部控制手段显得捉襟见肘，难以满足高效、精准的管理要求，进而导致了内部管理在时效性与全面性上的滞后与不足。这种管理上的短板，不仅影响了高校财务管理的效率与质量，也对高校的稳健发展构成了潜在制约。

高校在推进财务智能化的道路上，所面临的主要瓶颈与挑战聚焦于内控管理尚未充分利用技术赋能的层面。为了有效应对这一难题，高校亟须加大对信息技术基础设施的投资力度，致力于提升内控管理的自动化程度，深度融入并充分利用现代科技手段，以期驱动整个财务体系向更高层次的智能化方向稳步迈进。这一举措不仅有助于优化内控管理的流程与效率，还能为高校财务管理的智能化转型奠定坚实基础，进而促进高校财务管理的全面升级与长远发展。

4. 会计人员梯队建设尚未形成

在财务智能化浪潮席卷高校的背景下，其发展进程却遭遇了诸多掣肘与挑战，其中，会计人员梯队建设的滞后性尤为显著，这一现状凸显了高校在推进财务智能化过程中遭遇的人才瓶颈问题，对整个财务体系的顺畅运转构成了制约。具体而言，高校在会计人员培养领域的投入尚显匮乏，这在一定程度上阻碍了人才梯队的顺利构建。

财务智能化的深入实施，亟须一批具备高度专业素养与综合能力的人才队伍作为支撑。然而，当前高校在财务类专业的教育资源配置上存在不均衡现象，且课程设置未能紧跟时代步伐，呈现出一定的滞后性。这种教育资源的不均衡与课程体系的滞后，导致了学生在校期间难以获得系统而全面的专业培养，使他们在毕业后往往需要依赖自学或额外的职业培训来弥补知识与实践的差距，以适应财务智能化背景下的实际工作需要。鉴于此，高校应当加大对财务类专业教育资源的投入力度，优化资源配置结构，同时，紧跟行业动态与技术发展趋势，适时调整课程设置，以制订出更加符合财务智能化时代需求的人才培养计划。通过这些举措，高校有望为财务智能化时代输送更多具备扎实专业知识与实践能力的高素质人才，从而满足该领域对人才的迫切需求。

在高校财务智能化快速推进的过程中，会计人员梯队建设的滞后性成了制约其进一步发展的关键因素之一。为了有效破解这一难题，高校亟须强化财务人才培养规划的制订与实施，致力于提升现有财务从业人员的综合素养，并精准洞察与把握人才需求的变化趋势。具体而言，高校需构建一套系统且富有针对性的会计人员梯队建设方案，通过这一方案的深入实施，确保财务团队在知识结构、技能水平及综合素质等方面均能满足财务智能化时代的高标准要求。

在这一过程中，高校应着重关注以下几个方面：一是优化财务人才培养规划，确保其既符合当前财务工作的实际需求，又能前瞻性地引领未来发展趋势；二是加大对现有从业人员的培训力度，通过定期的专业培训与实践锻炼，不断提升其业务能力与综合素质；三是建立人才需求预测机制，准确把握财务领域人才需求的动态变化，为梯队建设的持续优化提供有力支撑。通过上述举措的协同推进，高校有望打破会计人员梯队建设的瓶颈，推动财务智能化进程迈入一个高效、稳健且可持续的发展新阶段。

5. 会计档案归档尚未实现电子化

在推进高校财务智能化、迈向现代化管理的征途上，一个亟待解决的瓶颈与挑战跃然纸上，即会计档案归档的电子化进程尚未全面铺开。这一现状不仅映射出高校财务管理在信息化层面存在的滞后问题，更成为掣肘整体智能化步伐的关键因素。

电子化的档案归档模式，作为破解这一难题的钥匙，其优势显而易见。相较于传统的纸质档案，电子档案无须占据实体的物理空间，从而大幅度削减了档案管理的成本开支。更为重要的是，电子档案的检索效率远超纸质档案，用户仅需输入关键词，便能迅速定位并获取所需信息，这一过程相较于手工翻阅纸质档案而言，无疑更加便捷高效。

电子档案的普及应用，将显著提升高校财务管理的响应速度，使信息的获取与处理变得更为迅速与灵活。它有效规避了传统档案管理中烦琐的手工操作环节，为高校财务管理带来了前所未有的便捷性与高效性。因此，加速会计档案归档的电子化进程，对于推动高校财务智能化的深入发展，无疑具有举足轻重的意义。

然而，在高校财务会计档案归档电子化的征途中，却遭遇了来自多方面的重重阻碍。部分高校可能因投入不足与认知局限，对信息化转型的迫切需求缺乏深刻认识，致使相关革新计划难以得到有效执行与落实。与此同时，一些高校面临着技术水平薄弱的困境，技术支持的匮乏与专业人才的缺失，成了电子档案归档体系建设难以推进的掣肘因素。

此外，安全性和隐私问题同样是高校财务档案电子化进程中的一大绊脚石。鉴于高校财务档案中蕴含着大量的敏感与私密信息，若电子化处理不当，极易陷入信息泄露与安全漏洞的危机之中。这一现状使部分高校在推进档案电子化时显得尤为审慎，对于信息安全的深切忧虑，无疑成了制约其前进步伐的一大障碍。因此，如何在确保信息安全的前提下，有效推进高校财务会计档案归档的电子化进程，成了亟待解决的关键问题。

（三）高校财务管理工作转型的建设

1. 以数字化手段提升内部治理

高校财务管理的全面数字化转型，要求将内部控制的核心理念、健全制度及优化流程深度融入管理的每一个细微环节之中，从而实现从事前预警、事中动态监控到事后严格监督的全链条管理（如图 1–9 所示）。这一过程不仅是单纯的技术革新，更是技术与管理体系深度融合与转型的生动体现，是数字技术为治理手段注入新活力、实现科技赋能的深刻实践。为此，高校需系统性地审视并梳理其内部管理流程，精准识别并分析各关键节点潜在的风险因素，进而制定并实施一系列制度性保障措施，为数字化转型奠定坚实基础。在此过程中，高校应妥善处理好会计与技术管理之间的微妙平衡，既不应盲目追求技术的先进性而忽略其实际应用效果，也不应过分夸大技术的作用而削弱了会计管理的核心地位。关键在于深刻洞察财务管理转型的内在逻辑与迫切需求，明确转型的目的与服务的对象，即为何要转型以及转型将惠及何方这一根本性问题。唯有从财务管理的本质出发，回归其服务高校事业发展的初心与使命，才能确保财务管理工作真正成为推动高校各项事业蓬勃发展的强大引擎，为高校的可持续发展注入不竭动力。

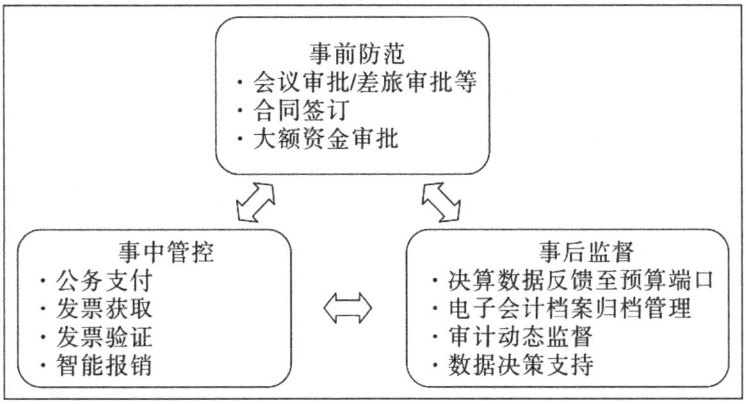

图 1–9　财务全过程管理体系

2. 建立电子会计档案归档体系

在智能化财务管理的新纪元里，电子会计档案的归档管理扮演着举足轻重的角色。它不仅是数据储存与检索的核心枢纽，更是深度挖掘财务大数据潜能、加速财务管理范式转变的制胜法宝。为了构建高效的电子会计档案管理机制，高校需将重心置于顶层设计的构建之上，并前瞻性地规划电子会计档案归档体系的搭建蓝图。在此过程中，财务部门可担当引领者的角色，携手网络信息中心、档案馆、审计部门及财务软件提供商等多方力量，形成合力，共同推动这一项目的稳步前行。在转型的过渡时期，高校可先行设立电子发票与电子申报材料的登记簿或索引目录，以此为起点，逐步推进电子档案管理系统的全面上线。这一系列举措旨在为后续的电子会计档案管理奠定坚实基础，确保数据的有序存储与高效调用，进而为财务管理的智能化转型注入强劲动力。

3. 建立一体化信息共享服务中心

在财务管理的复杂体系中，预算管理与核算执行的紧密融合构成了不可或缺的关键枢纽。通过深度整合预算管理流程、预算执行监控、详尽的数据分析以及各部门经费使用的精细化管理，我们可以构建出一个全面且高效的财务信息系统框架。这一系统框架能够确保预算填报数据与实际发生数据实现即时、精准的对应关联，进而为及时对比、监控及调控预算执行状况提供有力支撑。此种高度关联的运作模式，不仅严格保障了预算执行过程中的一致性、精确无误及严谨规范，还充分彰显了预算管理所具备的刚性约束力与导向作用。更进一步地，为了拓宽信息数据互联互通的广度与深度，我们应当积极促进财务信息系统与校外上下游服务商的平台数据进行无缝对接，以此实现财务信息与业务信息在更大范围内的共享共建。这一举措将极大地提升信息的流通效率与利用效率，为财务管理的智能化、精细化发展奠定坚实基础。

4. 优化业务流程实现精细化管理

在财务智能化浪潮不断推进的当下，构建一个集智能填报、智能审批、智能审核与智能核算功能于一体的综合性智能报销系统显得尤为重要。该系统旨在全面优化报销管理流程，提升管理效能。为此，我们可以积极探索智慧财务的新路径，比如引入智能财务机器人、智能财务助手等创新形式，以智慧渠道为载体，实现业务咨询与业务处理的即时互动与动态更新，确保师生员工在报销环节能够享受到更加便捷、高效的服务体验。同时，这些智慧渠道还应具备实时回复的能力，以迅速响应师生员工的需求，进一步提高报销业务的处理速度。在此基础上，我们还应逐步将智能财务的理念从基础的核算层面，向更深层次的分析层面乃至管理层面拓展延伸。这一转型过程不仅有助于提升财务管理的智能化水平，更能为高校财务管理的长远发展注入新的活力与动力。

第二章　高校财务管理内部控制

高校财务活动的合法合规与高效运作，离不开财务内部控制这一关键保障机制。本章将细致剖析高校财务内部控制的核心构成元素，并阐述其对于维系组织健康运行的不可或缺性。其中，制度设计构成了高校财务内部控制的基石之一，其完善程度直接影响到财务活动的顺畅与有序。

高校财务内部控制是一项错综复杂且极具系统性的任务。要确保其有效实施，需从多个维度入手：首先，需构建一套健全的制度框架，为财务活动提供明确的指导与规范；其次，需清晰界定并合理分配各相关人员的角色与职责，确保各司其职、各尽其责；最后，还需积极引入现代技术手段，以科技赋能内部控制，提升其效率与精准度。只有当这些关键要素得到有机整合与切实执行时，高校财务内部控制方能充分发挥其应有的效能，为高校组织的稳健前行奠定坚实的基础，确保其在复杂多变的环境中保持持久的生命力与竞争力。

第一节　高校财务管理内部控制概述

一、高校财务管理内部控制相关内容

（一）高校财务内部控制概念

高校财务管理中的内部控制机制，是指高校为确保其财务管理的合法性、规范性及高效性，通过精心设计与构建的一整套组织结构、规章制度及操作流程，对校内各类财务活动实施全方位、深层次的监督、管理与调控的制度框架。这一机制的根本宗旨，在于确保高校的财务运作严格遵循国家法律法规，有力捍卫资产安全，显著提升财务信息的真实性与透明度，有效规避各类潜在风险，从而维系高校的财务稳健态势与良好的运营秩序。高校财务内部控制机制的核心特质在于其整体性与系统性。它并非仅仅局限于对单一财务环节或特定活动的片面监管，而是秉持全局观念，从整体上出发，精心编织一张覆盖所有财务领域的控制网络。这一网络不仅注重各个财务环节之间的内在联系与相互制约，更强调通过系统化、规范化的手段，将各个孤立的财务活动有机整合为一个协调统一的整体，以

实现财务控制效果的最大化。通过这样的方式，高校财务内部控制机制能够更为全面、深入地发挥其监督与管理职能，为高校的持续健康发展提供坚实有力的财务保障。

高校财务内部控制的核心在于秉持法治理念。在构建其制度与规范体系时，必须严格以国家法律法规为基石，确保所建立的财务内部控制框架既合法又合规。这一做法不仅对于促进高校财务管理的规范化运作具有至关重要的作用，而且能够为高校在财务领域的探索与创新提供坚实而有力的法律支撑与保障。通过将法治思维深深植根于财务内部控制的每一个环节，高校能够更有效地规避法律风险，确保财务活动的每一步都行走在法律的轨道上，从而为高校的稳健发展与持续创新奠定坚实的财务与法律基础。

（二）高校财务内部控制原则

高校的财务内部控制应当坚持以下几点原则。

1. 全面性原则

高校财务管理的稳健运行、高效执行与安全保障，离不开内部控制这一核心环节的坚实支撑。在构建健全的内部控制体系时，全面性原则扮演着至关重要的角色，它是这一体系的理论基石与实践导向。全面性原则强调，内部控制必须广泛覆盖并深入渗透至高校财务管理的每一个方面与层级，确保其在整个财务管理流程中无遗漏地发挥作用，以实现监督与管理的全面覆盖与深度融入。

作为构建高校财务内部控制体系的必要组成部分，全面性原则不仅要求内部控制在财务管理过程中实现全方位、多层次的贯穿与融合，更致力于确保财务运作的顺畅、高效与稳固。通过践行全面性原则，高校财务内部控制能够更加灵活地应对复杂多变的财务管理环境，不断提升财务管理的效能与透明度，从而为高校的持续健康发展与长远繁荣奠定坚不可摧的财务基石。

2. 制衡性原则

在高校财务管理的内部控制体系中，制衡性原则占据着举足轻重的地位。该原则的核心目的，在于确保高校财务体系的平稳运行与稳固发展，通过构建一套行之有效的规范体系，对财务活动进行严谨而细致的约束，从而有效规避潜在的风险与错误，为高校的财务健康保驾护航。制衡性原则之所以在高校财务内部控制中扮演着如此关键的角色，是因为其深植于一种相互制约、相互平衡的机制之中，这种机制旨在维护财务运作的合理性、透明性，为高校打造坚实可靠的财务基石。

为了充分践行制衡性原则，高校需致力于建立健全的信息披露与沟通机制。一个透明、开放的信息披露环境，能够极大地增进内外部对高校财务状况的深入了解，进而推动财务管理向着更加公正、透明的方向发展。与此同时，通过建立一套畅通无阻的沟通渠道，高校能够迅速捕捉到财务活动中涌现的问题与需求，从而确保制衡性原则得以在实践的每一个角落全面、深入地贯彻与落实，为高校的财务管理注入源源不断的活力与动力。

3. 成本效益原则

在高校财务管理的内部控制框架中，成本效益原则是一项至关重要的指导原则，它致力于寻求财务内部控制实施过程中成本与效益之间的最优平衡状态。作为内部控制体系构建与实施的基石，成本效益原则强调，高校在设计并推行内部控制措施时，必须在确保控制有效性的前提下，基于经济性和实操性的双重考量，进行细致入微的权衡与抉择。

在遵循成本效益原则的过程中，高校需对其所处的经济环境及自身的运营特性进行深入的剖析与理解。这要求高校对自身的财务体系进行透彻的研究，确保内部控制的设计与构建能够精准对接高校的实际需求，避免盲目追求控制的严密性而忽视了其经济性与可行性。具体而言，这一过程涵盖了对高校规模、财务资源状况、人员构成及组织结构等多个维度的全面审视，旨在确保内部控制既能有效支撑高校的财务管理活动，又能避免过度复杂化或冗余化，从而在保障财务安全的同时，实现资源的优化配置与高效利用。

成本效益原则进一步凸显了高校在构建内部控制体系时，对灵活性与可调整性的高度重视。鉴于外部环境与高校内部运营状况的持续演变，内部控制体系必须具备高度的适应性，以便灵活应对不断涌现的新挑战与变数。因此，在规划内部控制架构时，高校需前瞻性地纳入对未来不确定因素的考量，确保体系内嵌有足够的弹性空间，从而使其能够始终贴合外部环境变迁的步伐，维持其有效性。

在高校财务管理的内部控制范畴内，成本效益原则扮演着举足轻重的角色。通过精心策划与灵活执行，高校得以在确保财务管理效能不受损的前提下，最大限度地削减控制成本，达成内部控制成本与效益之间的最优平衡。这一原则不仅是构筑稳健财务管理机制的基石，更是推动高校实现长期稳健发展的关键要素之一，对于促进高校的可持续发展具有不可估量的价值。

4. 适应性原则

高校财务管理的内部控制体系涵盖诸多核心领域，其中适应性原则占据着举足轻重的地位。该原则强调，高校的财务内部控制系统需展现出高度的灵活性与适应性，以积极应对外部环境变迁及内部需求更迭所带来的挑战。在当前这个经济、政治与社会环境日新月异的时代背景下，适应性原则的重要性愈发凸显。

作为知识传承与创新的核心阵地，高校在构建其财务内部控制系统时，必须具备迅速适应不断变化的教育环境的能力。这涵盖了对教育政策调整、学科领域发展动态以及国际教育标准持续更新的敏锐洞察与积极响应。适应性原则敦促高校建立一套能够迅速调整与更新制度的机制，以确保财务管理实践与教育领域的最新发展趋势保持高度契合，从而推动高校的财务活动与教育教学工作实现无缝对接，为高校的稳健前行提供坚实的财务支撑。

在高校财务管理的内部控制体系中，适应性原则占据着举足轻重的地位，发挥着至关重要的作用。借助灵活多变的制度架构、迅速及时的信息更新机制以及对外部环境变动的敏锐感知与响应能力，适应性原则助力高校财务内部控制系统更好地顺应变化，确保财务管理活动既有效又高效。这一系列举措为高校在纷繁复杂、瞬息万变的环境中维持财务稳健构筑了坚不可摧的基石，为高校的持续健康发展提供了强有力的财务支撑与保障。

（三）高校财务内部控制基本要素

在探讨我国高校财务内部控制的内容时，依据参照主体的差异性，可以从多元化的视角对其进行细致划分。具体而言，在我国针对高校财务内部控制所开展的研究活动中，两种主流的参照主体被广泛采纳并应用于分析框架之中。

1. 基于COSO内部控制框架的财务内部控制

在高校财务管理的内部控制体系中，一个核心构成要素便是借鉴于COSO内部控制框架所构建的财务内部控制机制。COSO（Committee of Sponsoring Organizations of the Treadway Commission）是一个汇聚了五大专业领域组织的权威机构，其所制定的内部控制框架在全球范围内各行业均得到了广泛采纳，当然也包括高校财务管理这一领域。

依托COSO内部控制框架，高校财务内部控制得以构建起一个稳固而全面的基础架构。在这一理论框架的引领下，高校能够以一种更为系统、全面的视角，对其财务内部控制体系进行构建与完善。这一过程不仅提升了财务管理的科学性与有效性，更确保了高校财务活动在合规性与稳健性方面达到更高的标准。通过深入贯彻COSO内部控制框架的精髓，高校得以在财务管理领域内实现更为精细、严谨的控制，为高校的持续健康发展奠定坚实的财务基础。

2. 基于内部控制规范的财务内部控制

在高校财务管理的内部控制架构中，一个不可或缺的基本要素便是遵循内部控制规范所构建的财务内部控制体系。这一体系是在一系列清晰界定的规范与标准之上搭建并运行的财务管理机制，其核心目标在于保障财务运作的合规性、透明度及高效性。作为构建高校财务管理体系的基石之一，基于内部控制规范的财务内部控制体系通过一系列精细设计的规范制度，不仅强调了标准化的重要性，还着重于信息披露与沟通的透明度，以及构建了严密的监督与反馈机制。这些举措共同确保了高校财务运作能够在合规、规范、透明且高效的轨道上平稳前行，为高校的可持续发展奠定了坚实而稳固的财务基础。

二、高校财务管理内部控制相关理论

（一）委托代理理论

委托代理理论着重于激励机制的精妙构造，这一理论框架在高校财务内部控制领域内同样具有深远的指导意义。面对管理层绩效与高校整体绩效之间复杂而微妙的代理关系，激励问题不可避免地成为高校财务管理中的核心议题。委托代理理论深刻揭示，通过精心策划与合理设计的激励机制，可以有效激发代理人的积极性与创造力，促使其全心全意地为委托人的利益而努力，形成双方共赢的局面。

在高校财务内部控制的实践中，这意味着必须构建一个清晰、公正且全面的绩效评价体系，确保管理层的激励机制与高校的长期发展目标紧密契合，形成一股推动高校持续稳健前行的强大动力。此外，委托代理理论还尤为关注契约理论在内部控制中的巧妙运用。从某种程度上讲，高校的财务内部控制可以被视为一种复杂而精细的契约关系，它涵盖了委托人与代理人之间那些既隐晦又明确的契约条款，这些契约条款共同构成了高校财务管理体系的坚固基石。

（二）整体性治理理论

在高校财务内部控制的理论谱系中，整体性治理理论占据着举足轻重的地位，其精髓在于倡导一种全面协同的治理方式，致力于打造一个既有机又井然有序的财务内部控制架构。该理论深刻凸显了财务内部控制的整体性特质，力图通过实现财务管理的系统整合与协同联动，以更加从容的姿态应对复杂多变的内外部环境所带来的挑战。

在整体性治理理论的睿智指引下，高校应将内部控制提升至战略高度，视其为一项关乎全局、全员参与的重要任务。这一理念要求高校积极培育一种全员浸润的内部控制文化氛围，深刻强调每一位成员在内部控制体系中的独特价值与责任担当。整体性治理理论积极倡导在内部控制的实施过程中实现全员动员，鼓励通过团队协作与集体智慧的汇聚，共同构筑起一道坚不可摧的财务内部控制防线，为高校的稳健前行提供强有力的支撑与保障。

在高校财务内部控制的实践范畴内，整体性治理理论的运用着重凸显了整体协同的战略思维，其核心目的在于打造一个既有机融合又条理清晰的内部控制架构。该理论倡导将内部控制视为一个高度整合、协同动作的系统整体，鼓励高校在这一框架下，能够更加灵活地适应日益复杂多变的内外部财务管理环境，从而在提升财务内部控制效率与效果的同时，也确保了其长期的稳健性与可持续性。通过整体性治理理论的指引，高校得以在财务内部控制的规划与执行过程中，实现资源的最优化配置与力量的最大化凝聚，进而在复杂多变的财务管理环境中保持高度的敏锐性与适应性，为高校的持续健康发展奠定坚实的财务基础。

第二节 高校财务管理内部控制分析

一、高校财务管理内部控制的必要性

高校财务内部控制的必要性不言而喻，它直接关系到高校财务体系的稳健运作、透明度提升及效率优化。作为肩负知识传承与人才培养重任的学术殿堂，高校的财务活动广泛而复杂，亟须构建一套健全且高效的内部控制机制，以确保财务管理的科学性、规范性及严谨性。

高校财务内部控制的必要性深刻体现在对财务信息精准度与透明度的严格把控上。高校财务信息的准确无误，不仅是高校声誉与社会信任度的重要基石，更是衡量高校财务管理水平的关键标尺。通过构建全面而精细的内部控制机制，可以切实保障财务信息的真实可靠，为高校提供详尽、准确的财务状况概览，进而提高高校与外部世界交流的透明度，有力维护并提升高校的良好信誉与社会形象。

高校财务内部控制的必要性还体现在其对于合规性的严格要求之上。随着法治化进程的日益深化，高校的财务活动必须严格遵循一系列法规与政策导向。通过构建科学有效的内部控制体系，可以确保高校在财务运作过程中严格符合法律法规要求，有效降低违法违规风险，从而在法治框架内实现安全稳健的运行。

综合来看，高校财务内部控制的必要性根源于对财务体系实施全面、稳定且透明管理的深切需求。借助科学设计的内部控制机制，高校能够更为从容地应对各种财务挑战，显著提升资源利用的效率与效益。同时，这一机制还能确保财务信息的准确无误与高度透明，严格符合法规合规性的要求，从而为高校财务活动的长远可持续发展奠定坚实而稳固的基础。

（一）有利于保障资金安全

高校财务内部控制的必要性不言而喻，其中，对于资金安全的坚实保障构成了不可或缺的一环。资金作为支撑高校日常运作与长远发展的核心要素，其安全性与稳定性至关重要。财务内部控制，作为一套严谨的制度与机制体系，对于资金的有效监管与防护展现出了无可替代的关键作用。

进一步而言，财务内部控制在提升高校整体运作效率方面也发挥着举足轻重的作用。通过精心设计的资金管理流程，冗余环节与时间损耗得以大幅削减，从而使高校能够更加充分地利用宝贵的资金资源。此举不仅直接促进了高校财务绩效的显著提升，更为资金的合理分配与高效运用提供了有力保障，进而在竞争激烈的教育环境中，为高校构筑了更为

稳固的竞争壁垒与优势地位。

（二）有利于优化资金配置

高校财务内部控制在资金配置优化方面所展现的必要性尤为显著，这在当前高校财务管理面临的复杂情境下显得尤为重要。优化资金配置已成为维系高校财务稳健运行的关键要素之一。通过构建健全的财务内部控制体系，高校在资金配置的优化上能够实现资源的最大化效用。这一机制促使高校能够深入洞察财务状况，实时追踪资金流向与使用详情，从而精准把握财务脉络。

这一做法不仅有助于规避不必要的开支，有效防范资源浪费现象，还能显著提升资金的利用效率，确保每一分投入都能发挥最大价值。合理的资金配置策略，使高校在有限的财务资源约束下，能够充分发挥其效益潜能，为高校的长远发展注入不竭动力。

综合来看，高校财务内部控制在资金配置优化方面发挥着无可比拟的关键作用。它不仅能够确保资源的有效利用，降低潜在的财务风险，还能增强高校在对外融资过程中的可信度。这一系列积极效应，使高校在面对复杂多变的财务环境时，能够更加从容不迫，实现财务管理的卓越成效，为高校的可持续发展铺就更为坚实的道路，创造更为有利的外部环境。

（三）有利于规范经济活动

高校财务内部控制在规范经济活动层面的必要性显得尤为突出。作为一种结构性的管理安排，财务内部控制致力于对高校经济活动进行规范化引导，确保其在财务管理框架内遵循既定的准则与流程，进而保障经济活动的合法性、标准化及高效性。

财务内部控制在规范高校会计实践与财务报告编制方面发挥着关键作用。通过构建精确、时效性强且值得信赖的会计信息网络，财务内部控制机制能够确保高校的财务报告精准地映射其经济态势与财务成果。这一举措不仅大幅提升了高校的透明度，还显著增强了外部利益相关群体对高校财务信息的信赖程度，进而促使高校在履行社会责任方面展现出更高水平，为经济活动的规范化发展注入强劲动力。

总体而言，高校财务内部控制的必要性在于其能够为经济活动的规范化提供坚实支撑。借助制度化的内部控制架构，高校的经济活动得以在合法、规范且高效的轨道上稳健前行，为高校的长期经济稳健发展奠定了坚实基础。

二、高校财务管理内部控制存在的问题

（一）高校单位层面财务内部控制存在的问题

1. 组织结构不合理

高校单位在财务内部控制领域面临的一个核心挑战源自其组织结构的非优化状态。作

为内部控制系统的基石，组织结构的合理性直接关系到信息传导、决策制定及执行过程的流畅度，对财务管理的效能与透明度施加着深远影响。

组织结构的非优化可能引发决策流程的紊乱现象。在财务内部控制的复杂网络中，决策的制定需历经多重程序与节点的考验。然而，一旦组织结构呈现不合理状态，决策者可能遭遇信息获取的障碍，难以全面且准确地掌握决策所需的关键信息。此外，决策的制定与执行环节也可能因此陷入混乱，导致决策链条的断裂与效率低下。这一系列连锁反应不仅削弱了高校财务管理的运作效能，还可能引发决策结果的不稳定性与不可预测性，进而加剧了内部控制体系所面临的风险水平。高校单位在财务内部控制方面所遭遇的组织结构非优化问题，不仅关乎决策流程的顺畅与高效，更直接影响到财务管理的整体效能与透明度，是内部控制风险不可忽视的重要来源。

组织结构的欠合理性可能会给执行流程带来显著的阻碍。在财务管理的广阔范畴内，执行环节构成了内部控制体系的中流砥柱，其重要性不言而喻。然而，一旦组织结构陷入不合理的境地，便可能导致责任界定模糊、执行难度陡增等一系列问题。在财务流程的每一个执行节点上，都需要有明确的责任归属与对应的执行主体，这是确保内部控制得以有效贯彻的关键所在。然而，当组织结构存在不合理之处时，执行人员可能会遭遇职责履行的困境，难以迅速且准确地响应内部控制的需求。这种困境不仅可能削弱执行效率，更可能对整个内部控制体系的完整性与稳定性构成潜在威胁。组织结构的欠合理性对执行流程造成的困扰不容忽视，它可能通过模糊责任界定、增加执行难度等方式，对内部控制的有效执行构成实质性障碍，进而威胁到整个财务管理体系的稳健运行。

2. 财务内部控制制度不健全

高校单位在财务内部控制领域面临的一个显著问题是其财务内部控制制度尚待完善。这一问题在高校的财务管理实践中引发了一系列深层次且复杂的挑战，对财务体系的稳固性与透明度构成了直接影响。

财务内部控制制度的不健全，使高校的财务活动陷入了管理与规范上的困境。由于缺乏一个全面且有效的内部控制框架，高校的财务运作中可能潜藏着流程上的无序与责任界定上的模糊。这种现状不仅加剧了财务活动受人为因素干扰的风险，还容易导致不规范、不透明现象的出现，从而为高校的财务管理蒙上了一层不确定性的阴影。财务内部控制制度的不完善可能导致财务决策与执行的随意性与非标准化，使财务信息的真实性与可靠性受到质疑。这不仅削弱了高校财务管理的公信力，还可能对高校的运营效率与长期稳健发展构成潜在威胁。因此，加强财务内部控制制度的构建与完善，已成为高校财务管理领域亟待解决的关键问题。

高校在财务内部控制方面存在的制度性缺陷，严重阻碍了其对财务风险的有效识别与妥善应对。在缺乏一套明晰且强有力的控制机制的背景下，高校难以精准地评估与管控潜在的财务风险点。这种现状可能导致财务活动中出现失误、舞弊行为以及资金的不当使用等一系列问题，进而对高校的财务安全构成隐蔽而严重的威胁。

财务内部控制制度的缺失也对高校财务信息的真实性与可靠性造成了不可忽视的影响。在不完善的内部控制框架下，财务信息可能面临被人为篡改或错误记录的风险，这极大地削弱了信息的准确性。财务信息的失真不仅损害了高校的财务管理声誉，还可能误导利益相关者的决策，对高校的长远发展产生不利影响。财务内部控制制度的不健全已成为制约高校财务管理效能提升的关键因素之一。加强制度建设，完善内部控制机制，对于提升高校财务风险识别与应对能力，确保财务信息的真实性与可靠性，具有至关重要的作用。

3. 财务内部控制信息的传递渠道不够完善

高校在财务内部控制层面遭遇的一个核心难题在于其财务内部控制信息的传导机制尚不健全。这一现状直接制约了财务信息的流通效率与传递质量，可能催生信息滞后与失真的问题，进而对高校的财务管理与决策制定产生深远影响。

由于财务内部控制信息传导机制的不完善，高校内部各部门之间的信息流通面临重重阻碍。财务信息的高效传递是确保全面财务监管的关键所在，它要求信息能够在不同部门间无缝衔接。然而，当前传导机制的缺陷可能导致信息在传递链条中出现遗漏与扭曲，使各部门在决策与执行过程中依据的信息基础残缺不全或偏离事实，这将对高校整体运作的协同性与效率构成严峻挑战。财务内部控制信息传导机制的不健全已成为制约高校财务管理效能提升与决策科学性的重要因素。加强信息传导机制的建设，确保财务信息的准确、及时传递，对于提升高校内部管理的协同性、促进决策的合理性具有重要的意义。

高校单位在财务内部控制领域面临的一个显著挑战在于其财务信息的传递渠道尚待优化。针对这一突出问题，高校亟须强化内部信息系统的构建，致力于搭建一条高效、畅通的财务信息传导路径。这一举措旨在确保财务信息能够在各部门间实现精准且及时的流转，进而提升财务管理的整体效能，有效削弱潜在的财务风险。加强内部信息系统的建设不仅是解决当前财务信息传递不畅问题的关键所在，更是推动高校财务内部控制体系趋于完善、实现健康运转的重要一环。通过构建高效的信息传递机制，可以确保财务信息在各部门间的无缝对接，为财务决策提供坚实的信息支撑，从而全面提升高校财务管理的科学性与规范性。优化财务信息传递渠道，加强内部信息系统的建设，是提升高校财务管理效能、降低财务风险、推动财务内部控制体系完善与健康运转的必然选择。

（二）高校业务层面财务内部控制存在的问题

1. 预算编制和执行存在问题

高校在业务层面的财务内部控制，特别是在预算编制与执行环节，面临着一系列复杂且关键的问题，这些问题深刻影响着高校财务管理的科学性与实效性。具体而言，预算编制环节的问题集中体现在预算制定流程的不合理以及预算内容的不切实际，这些问题如同一道枷锁，束缚了整个财务内部控制体系的健康发展。

进一步地，在高校业务层面的财务内部控制实践中，预算编制与执行方面存在的问题还引发了财务信息准确性与及时性的双重挑战。预算的不合理与执行的松懈，使实际财务状况与预算规划之间产生了显著的偏差。这一现状不仅削弱了高校管理层对财务状况的全面且精准的把握能力，还极大地增加了内部控制的难度，进而降低了内部控制的实际效能。高校在业务层面的财务内部控制中，预算编制与执行方面存在的问题已经成为制约财务管理科学性、实效性提升的关键因素。因此，加强预算编制的合理性与执行的严谨性，对于提升高校财务内部控制的整体效能，确保财务管理的科学性与规范性来说至关重要。

高校在业务层面的财务内部控制实践中，预算编制与执行环节存在的问题对整个财务体系的规范运作与高效运行构成了严峻挑战。为了有效应对这些挑战，高校亟须强化对预算制定与执行流程的监管与管理力度，致力于构建一套科学合理的财务内部控制机制。这一机制的建立，旨在确保预算编制的科学性与执行的透明度，从而全面提升高校财务内部控制体系的稳健性与健康水平。高校应当从预算制定的源头抓起，加强对预算编制过程的监督，确保预算内容的合理性与可行性。同时，在执行环节，高校也应建立严格的监控机制，确保预算资金按照既定规划得到有效利用，避免出现资金滥用或低效使用的情况。通过这一系列举措的实施，不仅可以提升预算编制与执行的科学性与透明度，还能有效增强高校财务内部控制体系的整体效能，为高校的稳健发展奠定坚实基础。解决高校业务层面财务内部控制中的预算编制与执行问题，是提升整个财务体系规范运作与高效运行的关键所在。高校应加强对预算制定与执行过程的监管与管理，构建科学合理的财务内部控制机制，以确保高校财务内部控制体系的健康与稳健发展。

2. 收支业务不规范，存在漏洞

在高校业务层面的财务内部控制实践中，一个显著的问题是收支业务操作的非标准化与漏洞频现。这一问题的深层次根源在于，现有的业务层面内部控制机制未能充分发挥其应有的功能与效用，无法有效地识别、防范及纠正收支业务中的不规范行为，进而导致了潜在风险与漏洞的长期存在。

高校业务层面财务内部控制的缺陷集中体现在收支业务操作的非标准化上，这一现状不仅影响了财务管理的规范性，还潜藏着诸多风险隐患。为了从根本上解决这一问题，高校亟须建立一套更为完善、健全的内部控制机制。这一机制应明确规范业务流程，确保每一项收支业务都能严格按照既定标准执行；同时，还需强化内部控制制度的执行力度，确保各项制度得以有效落实，避免流于形式。

加强对管理人员的培训与监督也是解决这一问题不可或缺的一环。通过定期的培训，提升管理人员对内部控制重要性的认识，增强其执行内部控制制度的自觉性与主动性；同时，通过严格的监督机制，确保管理人员在日常工作中能够严格遵守内部控制要求，杜绝违规操作行为的发生。为了提升高校业务层面财务内部控制的有效性，确保财务管理的规范与稳定，高校应着手建立一套更为完善、健全的内部控制机制，明确规范业务流程，强化制度执行力度，并加强对管理人员的培训与监督。

3. 采购过程及验收存在问题

在高校业务层面的财务内部控制框架内，采购流程及其后续的验收环节暴露出了一系列显著问题，这些问题深刻反映了资源管理和监管机制的缺失与不足。特别是在采购环节，流程的非标准化现象尤为突出。具体而言，部分高校在采购实践中未能构建一套完备且规范的采购管理体系，致使采购活动缺乏清晰、具体的指导原则与衡量标准。这一现状导致采购决策过程易受主观臆断的影响，进而提高了财务风险的发生概率。

与此同时，验收环节所存在的问题同样不容忽视。部分高校在验收过程中，对于采购物品的质量与数量检查缺乏应有的细致与严谨。由于验收标准的模糊不清，或在验收执行中的疏忽大意，次品或不合格产品得以混入，这无疑为后续的风险管理工作增添了难度。更为严重的是，此类情况还可能给高校带来额外的经济损失，严重阻碍了资源的高效与合理利用。

高校在业务层面的财务内部控制中，采购流程的非标准化及验收环节的疏漏，共同构成了资源管理和监管机制中的薄弱环节。为了提升内部控制的有效性，降低财务风险，高校亟须对采购及验收流程进行全面审视与优化，以确保资源的合理配置与高效利用。

在高校的业务流程中，验收环节所存在的问题不仅限于产品质量与数量的检验，还涉及对供应商资质的审核方面。具体而言，部分高校在验收过程中，对于合作供应商的资质审核未能达到应有的严格程度。这一疏忽可能源于对供应商经营状况与信誉度的了解不足，进而使合作方潜藏着财务风险。这种风险一旦爆发，将对高校的整体财务稳定性构成不容忽视的冲击。供应商作为高校采购链条中的重要一环，其资质与信誉直接关系到采购物品的质量与后续服务的可靠性。若高校在验收环节对供应商资质的审核把关不严，便可能让一些财务状况不佳或信誉不良的供应商混入其中。这不仅会影响采购物品的质量，还可能因供应商自身的财务问题而波及高校，给高校带来潜在的财务风险与经济损失。因此，为了维护高校的整体财务稳定性，降低财务风险，高校在验收环节必须加大对供应商资质的审核力度。通过深入了解供应商的经营状况、信誉度以及历史合作记录等信息，确保合作方的资质与信誉符合高校的要求。只有这样，才能有效避免财务风险的发生，保障高校采购活动的顺利进行与财务稳定。

4. 资产管理不够全面，资产使用率低

在高校业务层面的财务内部控制体系中，资产管理的不全面性及其导致的资产使用效率低下，构成了亟待解决的关键问题之一。这一问题的根源在于当前缺乏一套全面、高效的资产管理与监控机制，无法实现对资产信息的精确捕捉与有效整合。

高校在资产管理领域面临的挑战，主要表现为资产信息的片面性与不准确性。在现有的组织架构下，资产管理职能往往被分散至多个部门，这种分散化的管理模式极大地增加了资产信息收集和整合的难度。各部门间信息共享的壁垒，资产信息的流通与更新受到阻碍，导致高校难以全面、实时地掌握各项资产的动态状况。这种信息不对称现象，不仅削弱了高校对资产的科学配置能力，还限制了资产使用效率的提升。

针对上述问题，高校业务层面的财务内部控制体系亟须进行优化与完善。具体而言，通过建立一套全面的资产信息管理系统，实现资产信息的集中化、标准化管理，可以显著提升资产信息的透明度与准确性。同时，加强监控机制，确保资产信息的实时更新与有效监控，有助于高校及时发现并解决资产管理中的潜在问题。此外，通过改进资产规划配置流程，优化资源结构，高校可以进一步提高资产使用效率，确保财务内部控制体系的科学性与健康性。

综上所述，解决高校业务层面财务内部控制中资产管理不全面、资产使用效率低的问题，对于提升高校的经济效益与社会效益具有至关重要的意义。通过构建全面的资产信息管理系统、强化监控机制与改进规划配置流程，高校可以更有效地管理资产、优化资源配置，从而推动财务内部控制体系的不断完善与发展。

5. 项目建设未及时转固，项目监督不到位

在高校业务层面的财务内部控制框架内，一个显著存在的问题是项目建设成果的固定资产转化滞后，以及项目监督机制的缺失。这一问题不仅揭示了高校在投资项目管理上的滞后性与敏感性不足，还可能引发一系列财务风险与不良后果，亟须我们进行深入分析与探讨。

项目建设完成后，其形成的资产理应迅速转化为固定资产，并纳入高校的资产管理体系中，以实现规范化管理。然而，若这一转化过程出现延误，便意味着相关资产未能及时得到应有的监控与管理。这种滞后性不仅可能导致资产处于游离状态，增加了资产管理的不确定性，还可能削弱高校对资产整体状况的全面把控能力。

从更深层次来看，项目建设未及时转固反映出高校在投资项目管理流程上的不畅与缺

陷。一个高效、规范的项目管理流程应当确保项目从规划、实施到验收、转固的每一个环节都能得到及时、准确的跟进与管理。然而，当转固环节出现延误时，便意味着整个项目管理流程的某个或多个环节可能存在问题，如信息沟通不畅、决策效率低下或执行力度不够等。这些问题若得不到及时解决，将严重制约高校财务管理水平的提升与财务风险的防控。因此，为了有效应对项目建设未及时转固及项目监督不到位的问题，高校应加强对投资项目管理流程的梳理与优化，确保各个环节都能得到及时、准确的跟进与管理。同时，还应建立健全的资产管理体系与监督机制，以实现对资产的全生命周期管理，降低资产管理的不确定性，提升高校财务管理的整体水平。

项目建设成果的固定资产转化滞后以及监督机制的缺失，不仅削弱了高校的财务管理效能，还可能对高校的可持续发展构成潜在威胁，进而对其长远竞争力产生不利影响。在当前竞争激烈的高等教育环境中，高校需不断寻求创新与进步，而项目的有效建设与严格监督正是推动这一进程不可或缺的关键要素。若这些关键环节出现问题，势必会阻碍高校业务的拓展，削弱其在学术研究与科研创新等方面的核心竞争力。

从更深层次来看，高校业务层面财务内部控制中存在的项目建设未及时转固与监督不到位的问题，不仅导致了财务管理流程的不畅，还可能引发一系列风险与资源浪费现象。未能及时将项目成果转化为固定资产，意味着相关资产可能游离于监管之外，增加了资产管理的不确定性；而监督机制的缺失，则可能导致项目执行过程中的不合规行为得不到及时发现与纠正，进一步加剧了风险隐患。

因此，深入剖析并解决项目建设未及时转固与监督不到位的问题，对于保障高校财务内部控制的健康与高效运作具有重要意义。这不仅有助于提升高校的财务管理水平，降低潜在风险，还能促进资源的合理配置与高效利用，为高校的可持续发展奠定坚实基础。为此，高校应加强对项目管理流程的梳理与优化，建立健全监督机制，以确保项目建设的规范性与有效性，从而推动高校整体竞争力的持续提升。

第三节 高校财务管理内部控制的优化

一、建立健全内部控制制度

首先，高校需清晰界定其内部控制的核心宗旨，并确保这一宗旨与自身的长远发展战略及财务管理目标高度契合，保持内在的一致性。其次，高校需精心设计与严格执行一套详尽的内部控制政策与流程，旨在确保所有财务运作与经营活动均能在严谨、科学的框架内平稳运行，避免任何无序状态的出现。尤为重要的是，这些内部控制政策与流程需细致入微地阐述各具体控制环节的操作指南，为执行者提供明确的行动依据。内部控制制度的构建不应局限于某一特定部门或业务单元，而应全面覆盖高校的各个角落，编织成一张覆盖全校的内部控制网络。这深刻意味着，内部控制并非财务部门孤军奋战的领域，而是需要全校所有部门携手并进、协同作战的共同责任。唯有通过全校各部门的积极参与与紧密配合，方能确保内部控制体系的完整性与有效性，为高校的稳健发展保驾护航。

二、持续优化内部控制流程

高校应当承担起对现有内部控制流程进行周期性审查与评估的重任，以确保其始终能够适应当前的运营生态与管理需求，保持其适用性与有效性。以下为实现这一目标的具体举措。

首先，高校需具备敏锐的洞察力，能够迅速识别并纠正内部控制流程中存在的种种缺陷。这包括但不限于在审计活动中揭露的问题、员工在日常工作中反映的流程瓶颈以及效率低下的现象。针对此类问题，高校应采取诸如简化烦琐流程、剔除冗余步骤、引入创新流程等修正措施，以期达到优化流程的目的。

其次，高校应积极推进内部控制流程的自动化与信息化建设，充分利用诸如财务管理信息系统等现代技术手段，以降低人工操作带来的错误风险，并大幅提升数据处理的速度与质量。这一举措对于提升内部控制流程的效率与准确性具有至关重要的作用。

再次，高校需进一步强化基于内部控制流程的风险管理体系建设，将风险评估与管理融入日常操作之中。通过定期对关键的财务活动进行风险评估，高校能够准确识别、评估并及时应对各种潜在的风险，从而确保内部控制措施的有效实施。这一步骤对于维护高校的财务安全与稳定具有不可忽视的意义。

最后，为了推动内部控制流程的持续优化与改进，高校应建立一套完善的反馈与建议机制，鼓励员工积极参与其中。作为内部控制流程的直接执行者，员工对于流程中存在的问题往往具有独到的见解与深刻的体验，因此他们的反馈与建议对于流程的改进具有极高的参考价值。通过这一机制，高校能够不断汲取员工的智慧与力量，推动内部控制流程的持续完善与发展。

三、充分融合风险管理与内部控制

（一）完善风险识别与评估机制

①高校应当构建一套健全的风险管理策略体系，该体系需清晰界定风险管理的总体架构、核心原则，以及风险辨识与评估的具体目标与职责分配。同时，此风险管理策略还需详尽阐述针对各类风险的界定标准及应对策略。②为了全面覆盖高校的运营范畴，构建一

套全方位的风险辨识机制显得尤为重要。该机制应广泛涉及财务管理、学术研究管理、行政事务管理以及资产管理等多个维度。③为确保风险辨识的全面性与精确性，高校需灵活运用多样化的工具与方法，包括但不限于风险检查清单、专家深度访谈以及历史数据深度分析等。此外，高校还应实施定期的风险辨识活动，以便敏锐捕捉外部环境变迁所引发的新风险。④在风险评估环节，高校应采用定量分析与定性分析相结合的方式，对已辨识的风险进行深入剖析。同时，借助概率与影响矩阵等评估工具，对风险的严重程度与紧迫性进行精准度量。⑤为了有效应对校内外环境的持续变化，高校需确保风险辨识与评估工作的持续性与动态性。这要求高校构建一套定期复审机制，对风险辨识与评估的结果进行周期性复审，并根据复审结果不断优化风险辨识与评估流程，以确保其有效性。⑥将风险辨识与评估机制融入高校的日常管理体系之中，是提升风险管理效能的关键。通过将风险管理与财务规划、预算编制、项目审批等日常运营活动紧密结合，高校能够更有效地识别并应对潜在风险，从而充分发挥内部控制体系的积极作用。

（二）融合风险控制与内部控制制度

①高校应将风险控制置于内部控制体系的核心地位，不仅要保证所有内部控制举措均契合风险管理的严苛标准，还需确保风险从辨识、评估、管控至监控的每一阶段都与内部控制制度实现深度整合，形成有机整体。②在构建内部控制制度时，高校需详尽规定风险控制的具体实施策略与流程，这些策略与流程应全面覆盖风险阈值的科学设定、风险应对计划的精心制订，以及风险监控与报告机制的稳健建立，为风险管理的有效实施奠定坚实基础。③为了促进风险控制与内部控制制度的深度融合，高校需在组织架构层面给予有力支持。通过设立专业的风险管理机构或指定资深人员专门负责风险控制工作，高校能够推动风险管理与内部控制的高效协同，实现管理效能的显著提升。④高校应加大对员工的风险管理教育培训力度，致力于提升全员的风险管理认知与敏感度，确保员工在日常工作中能够敏锐识别并有效应对潜在风险，为高校的稳健发展贡献力量。⑤高校需定期对风险控制与内部控制制度的融合成效进行评估。通过实施严谨的审计流程与建立反馈机制，高校能够及时发现二者在融合过程中存在的问题与不足，这不仅有助于对现有风险控制措施进行优化调整，还能为未来的风险管理策略制定提供宝贵的参考与指导，推动高校风险管理水平的持续提升。

四、推动财务信息系统建设

①高校应当构建一套健全的财务数据录入校验机制，旨在预防数据在输入环节出现偏差或遗漏的情况；同时，需对全部数据变动进行追踪与记录，以提供详尽无遗的审计轨迹，进而保障财务数据的可追溯性和透明度，提升财务管理的严谨性。②为了确保财务数

据的安全性，高校的财务信息系统必须配备强大的安全保障机制，涵盖用户访问权限的严格控制、数据的加密处理以及网络安全的全面防护，以有效抵御未经授权的访问和数据泄露等风险。特别是在处理高度敏感的财务数据时，财务信息系统应启用多因素身份验证和定期的安全审计等高级安全策略，进一步加固安全防线。③高校的财务信息系统还应具备对关键财务指标进行实时监控的能力，以便及时发现并预警任何异常情况，从而协助高校迅速识别并有效应对潜在的财务风险，保障财务稳健运行。④高校需确保其财务信息系统严格遵循相关的财务与审计准则，同时能够适应各种税务法规和会计标准的动态变化，以确保自身的财务活动始终符合最新的法规要求，维护良好的财务合规性。⑤为了保持财务信息系统的先进性和有效性，高校应持续对系统进行维护与更新，不断提升系统的性能与功能，确保其能够适应日新月异的技术环境和管理需求，为高校的财务管理提供强有力的技术支持。

五、加强内部控制文化建设

①高校应当制定并贯彻执行一系列与内部控制紧密相关的规章制度、操作准则及实施细则，旨在为全校教职员工提供一套清晰明确的行动指引与操作规范，确保内部控制工作的有序开展。②为了深化教职员工对内部控制重要性的认识，并明确其在内部控制体系中所扮演的角色与职责，高校应定期组织内部控制相关的专业培训与教育活动，通过系统的知识传授与实践指导，提升教职员工对内部控制工作的理解与执行能力。③高校应大力倡导并鼓励内部控制领域的实践探索与创新发展，同时建立一套开放包容的反馈机制，积极听取并采纳教职员工关于优化内部控制流程的合理建议，以此作为不断完善内部控制体系的重要动力源泉。④为了进一步强化内部控制文化在高校日常运行与管理中的渗透力与影响力，高校应将内部控制文化深度融入高校运营的各个环节与管理层面，通过持续不断的沟通宣传、专业培训及实践应用，使内部控制文化真正成为高校运行与管理不可或缺的重要组成部分，从而有效提升财务管理内部控制的效能与水平。

六、加强员工教育和培训

首先，高校需保障其全体教职员工均能接受全面而系统的内部控制教育培训，培训内容需深度覆盖内部控制的基本原则框架、具体政策的实施要求，以及每位员工在内部控制体系中所应肩负的职责与使命。尤为重要的是，培训内容应紧密结合实践案例，以便教职员工能够更直观地理解内部控制的实际运用场景及其重要性，从而全面而深入地掌握内部控制的核心原则与具体执行要求。其次，高校应加大对内部控制的宣传力度，通过定期向教职员工传达内部控制的重要性及最新发展动态，不断强化其内部控制意识，提升对内部控制工作的重视程度。这一举措有助于在全校范围内营造一种重视内部控制、积极参与内部控制建设的良好氛围。最后，高校还应着手构建一套完善的内部控制改进机制，积极鼓励教职员工提出贴近实际、具有建设性的反馈意见与建议。对于这些宝贵的反馈与建议，高校应予以高度重视，并进行认真细致的评估与分析，以期不断优化内部控制流程，提升内部控制体系的有效性与适应性。

第三章　高校财务预算绩效管理

通过对财务预算与实际执行绩效之间差异的深度剖析，高校的管理层能够更为精确地把握资源分配的现状，揭示出潜在的问题与挑战，并据此对预算的制定与执行策略进行优化调整。绩效分析工作为高校提供了衡量既定目标实现程度、改进管理决策以及增强财务稳健性的重要参照依据。实施有效的财务预算绩效分析，有助于高校实现资源配置的科学化、合理化与高效化，为其可持续发展奠定坚实的基础。这一过程不仅能够促进高校内部管理的精细化与规范化，还能够提升其整体运营效能与竞争力。

第一节　高校财务预算绩效管理概述

一、高校财务预算绩效管理概念界定

（一）高校财务预算管理

高校财务预算管理构成了一个全面且系统性的规划与调控框架，其核心目的在于高效管理并优化高校的财务资源，以保障其财务目标与使命的顺利达成。这一管理模式广泛涵盖了财务规划、预测以及资源的合理配置等多个关键环节，并着重强调了管理的透明度与运作效率。在高校财务预算管理中，通过精心制订详尽的财务规划方案，能够确保财务资源的合理且高效利用，进而显著提升预算执行的成效。这一过程有力地支撑了高校在教育、科研以及社会服务等多个领域使命的顺利推进。值得注意的是，该管理模式不仅聚焦于长期的战略目标实现，还高度重视对财务状况的灵活适应与即时调整，以确保能够从容应对不断变化的高等教育外部环境。在实践操作中，高校的财务预算管理致力于构建稳健的财务健康基础，为高校的可持续发展提供强有力的支撑与保障。这一管理方式的深入实施，无疑将为高校在未来的发展中奠定更为坚实的财务根基。

1. 高校财务预算

高校财务预算作为一种至关重要的管理手段，其核心目的在于对高校财务资源的运用进行科学的规划、精准的评估以及严格的控制。这一过程不仅要求对收入和支出进行合理且细致的预估，还强调了对资源配置进行清晰且周密的规划。在高校财务预算的制定过程

中，各项支出均被精确核定额度，这一举措使管理层能够更为有效地对有限的财务资源进行监控与分配。财务预算通过对各项经济活动的预期收支情况进行全面梳理与合理预测，为管理层提供了明确的财务规划蓝图。在此基础上，管理层能够依据预算定额对各项支出进行严格的把控与调配，以确保财务资源的合理利用与高效配置。这一管理手段的实施，不仅有助于提升高校的财务管理水平，还能够为其教育、科研等各项事业的发展提供坚实的财务保障。

2. 高校财务预算管理体制

高校的财务管理体制中，财务预算管理体制扮演着至关重要的角色，它是为了确保财务资源的有效配置与财务运营的稳健性而精心构建的组织架构与管理流程。这一体制不仅涵盖了预算的编制、执行及监控等核心环节的组织框架与职责划分，还注重各相关部门间的协同合作与信息共享机制。

在高校财务预算管理体制中，预算评估机构的设立显得尤为重要。该机构专门负责对预算的实际执行效果进行全面而深入的评估，并将评估结果及时反馈给相关部门。这一机制的形成，有力地推动了预算管理流程的闭环管理，使高校能够根据实际执行中的情况，灵活调整预算方案，不断完善和优化预算管理流程，从而更好地适应高校内外部环境的动态变化。通过预算评估机构的持续运作，高校能够更为精准地掌握预算执行的实际情况，及时发现并解决存在的问题，从而确保财务资源的合理配置与高效利用，为高校的可持续发展提供坚实的财务支撑。

3. 高校财务预算管理原则

高校在预算管理活动中所遵循的基本原则，构成了确保财务预算得以有效贯彻执行的纲领性指导。其中，明确性原则在预算管理中占据核心地位，它要求高校的预算编制必须详尽具体，杜绝任何含混不清的表述，力求每一项预算内容都能清晰界定，以此来提升预算编制的精确度和实际可操作性，为预算的有效执行奠定坚实基础。与此同时，公正性原则在预算编制过程中同样不可或缺。该原则着重强调，在预算资源的分配上应当秉持公正无私的态度，确保校内各部门及各个项目都能获得与其实际需求相匹配的预算份额，从而有效防范预算分配中可能出现的不公平现象，维护校内各方的正当权益，促进预算管理活动的和谐有序开展。

（二）高校财务预算绩效

1. 预算绩效评估机制

高校财务预算绩效评估机制，旨在通过对预算执行状况的全面审视与深入分析，来量化并评价高校在财务管理领域所取得的实际成效。这一评估机制不仅直观地映射出财务计划的实际执行概况，还深入剖析了收支活动的真实面貌、资源利用的经济效率以及财务目标达成情况的全面图景。

财务预算绩效评估通过对比预算规划与实际操作之间的差异，精确地量化了收入与支出的实际状况，从而揭示了高校在资源配置与使用方面的效率与效果。同时，该评估机制还深入探究了资源利用的效益，即高校在既定财务框架下，如何高效利用有限资源以实现最大化效益。此外，预算绩效评估还着重考察了财务目标的达成程度，通过对各项财务指标的严格考核，全面评估了高校在财务管理方面所取得的进展与成就。

2. 预算绩效评价体系

高校财务预算绩效评价体系，旨在对其预算执行的实际情况及其产生的具体成效进行客观且深入的评估。该体系的核心任务，在于精准地比对预算初期所设定的各项目标与实际执行过程中所达成的具体结果之间存在的差异，并在此基础之上，对造成这些差异的根本原因进行详尽的分析与探讨。通过这一评价体系的运作，高校能够更为清晰地认识到预算执行的实际情况与预期目标之间的偏差，进而深入挖掘出导致这些偏差出现的内在因素。这一过程不仅有助于提升高校的预算管理水平，还能够为其未来的财务规划与决策提供更为精准的数据支持与参考依据。

3. 绩效评价的特点

高校绩效评价工作呈现出多维度的显著特点。在构建绩效评价体系时，应当着重强调多元化指标的纳入，这些指标需广泛覆盖教育质量提升、科研成果产出以及社会服务贡献等多个层面，从而全方位地展现高校所承担的多元化功能与使命。在具体的评价过程中，必须高度重视定量分析与定性评价的有机结合。鉴于高校的独特性质与办学特色，绩效评价工作不仅要严格依据客观的数据指标进行量化分析，更要深入挖掘并充分展现高校在办学过程中的独特优势与社会影响力。这种综合性的评价方式，既能够确保评价结果的客观性与准确性，又能够充分反映高校在推动社会进步与文明发展中所扮演的重要角色。

二、高校财务预算绩效管理相关理论

（一）激励理论

在高校财务预算绩效管理的广阔领域中，激励理论发挥着举足轻重的作用，其影响力深远而持久。该理论着重强调通过触动并激发个体的内在驱动力与兴趣点，来促使他们更加主动地投身于财务预算的规划与实施之中。在高校这一特定环境下，激励理论的应用广泛渗透于教职员工、科研团队等多个层面的管理实践中。

激励理论的核心理念在于深入挖掘并尊重个体的内在需求与动机。通过细致入微地了解教职员工的职业发展愿景、职业满意度现状以及个人的价值观念，管理者能够设计出更加贴合其潜在动机的激励方案，从而显著提升他们参与财务预算工作的积极性与主动性。这一举措对于构建一套富有吸引力的激励机制至关重要，它有助于促使教职员工更加紧密地融入财务预算的制定流程，形成一股积极向上的合力。

进一步而言，激励理论为高校财务预算管理提供了宝贵的管理启示与实践路径。通过深刻洞察个体的内在动机、精心构建明确的奖励体系以及灵活运用差异化的激励策略，高校能够更为有效地推动财务预算管理的顺畅实施，进而实现整体绩效水平的显著提升。这一过程不仅彰显了激励理论在高校管理实践中的独特价值，更为高校的可持续发展注入了强劲的动力。

（二）利益相关者理论

在高校财务管理的广阔范畴内，利益相关者理论占据着举足轻重的地位。该理论深刻指出，高校的财务决策与预算规划并非孤立于校方之内，而是紧密关联着包括教职员工、学生群体、校友网络以及政府机构等在内的多元化利益相关者群体，这些群体间的利益关系错综复杂，相互交织。该理论的核心精髓在于，在预算的编制与执行流程中，需全面考量并妥善平衡各利益相关者的多元化需求，以期达成全面且深远的财务目标。

利益相关者理论进一步着重强调，在高校财务预算管理的实践中，构建高效且富有成效的沟通桥梁与参与平台至关重要。高校应积极主动地与各类利益相关者展开深入对话，悉心倾听他们的独到见解与宝贵建议，并将他们吸纳至预算决策的核心环节之中。通过精心打造透明度高、开放性强的沟通机制，不仅能够显著增强各利益相关者的参与意识与归属感，还能够大幅提升他们对财务决策的认可程度与满意度，从而为高校的稳健发展与长远规划奠定坚实的群众基础与社会支撑。

在高校财务预算管理的实践中，利益相关者理论倡导了一种全面而深入的多元化利益考量模式，其核心在于确保所有相关方的权益得到公正对待与充分尊重。该理论强调，通过实施一套系统而全面的机制，以促进对各利益相关者的深入理解、积极参与及有效监督，高校能够朝着更加科学严谨、合理可行以及可持续发展的财务预算管理方向稳步迈进。

这一理论鼓励高校在预算规划的每一个关键环节，都充分纳入并权衡来自教职员工、学生、校友、政府及社会各界等不同利益相关者的声音与需求。通过构建开放透明的沟通平台，确保各方能够充分表达意见并参与决策，从而有效避免利益冲突，促进共识的达成。同时，加大对各利益相关者的监督力度，确保预算执行的公正性与效率，进一步巩固高校的财务稳健基础，为其长远发展提供坚实保障。

（三）平衡计分卡策略

平衡计分卡策略作为一种全方位的管理手段，在高校财务预算管理的广阔领域内展现出了独特的价值。它深刻强调了在制定与执行预算决策时，需从多个不同维度进行综合考量，旨在达成一种全面且均衡的管理目标。该方法鼓励管理者在规划财务预算时，不仅要关注财务指标的实现情况，更要深入探索并平衡教学、科研、社会服务等多个关键领域的发展需求。通过构建一个涵盖财务、顾客（在此可理解为师生及社会各界）、内部流程以及学习与成长等多维度的评价体系，平衡计分卡策略为高校提供了一个更为全面、细致且系统的管理视角，从而助力其实现更为长远且稳健的发展。

（四）关键绩效指标理论

在高校财务预算管理的学术探讨中，关键绩效指标理论占据着举足轻重的地位，被视为该领域的一项核心理论。该理论着重指出，在财务预算的规划与实施过程中，应精心挑选并恰当运用一系列能够全面且精确地映射高校绩效水平的关键性指标。这些精心挑选的指标需紧密关联高校的宏观战略目标与核心使命，从而能够客观公正地评估各项财务活动的实际成效与产出。这些关键绩效指标应当与高校的长期发展规划、教学科研质量提升、社会服务功能强化等核心领域紧密相连，通过量化分析的方式，为管理者提供清晰直观的绩效反馈，进而助力高校在财务预算管理方面作出更加明智且高效的决策。

第二节　高校财务预算绩效管理评价体系构建

一、预算绩效管理体系构建流程

在此，构建一套有利于高校发展的预算绩效管理体系，具体如图 3-1 所示。

图 3-1　高校财务预算绩效管理体系

（一）成立高校预算绩效管理部门

在高校预算绩效管理体系的初始构建阶段，首要任务在于设立一个专注于预算绩效管理工作的专门机构。此机构的成立，其核心目的在于加强并优化对高校财务预算与绩效管理的全面监督与调控。为确保该机构能够有效履行职责，需对其职能范畴进行清晰界定，这包括但不限于预算的编制流程、执行过程的监控以及绩效的综合性评价等多个关键方面，从而确保财务预算管理工作的全面覆盖与有序开展。进一步而言，构建这一专门机构时，还需注重其内部组织结构的合理性与高效性，明确划分各岗位的具体职责与权限范围，以确保预算绩效管理流程的顺畅运行。通过这一系列举措，不仅能够提升预算绩效管理的专业化水平，还能够为高校的财务管理与战略规划提供有力支撑，推动其朝着更加稳健与可持续的方向发展。

（二）设置部门绩效目标，编制预算

在构建预算绩效管理体系的繁复流程中，确立各个部门的具体绩效目标构成了其中极为关键的一环。此环节要求各个职能部门紧密围绕高校的整体战略规划，精心设定既具体明确又便于量化的绩效目标，旨在实现预算编制流程与执行环节之间的无缝对接与高效协同。

在着手制定绩效目标之际，团队的积极参与成了不可或缺的重要因素。为此，各部门需精心组织多轮次的团队研讨与沟通会议，力求确保绩效目标的设定能够赢得全体成员的深切理解与广泛支持。通过此类团队协作与参与，不仅能够广泛征集来自不同层面的宝贵意见和建议，还能够显著提升绩效目标在执行过程中的贯彻落实力度与成效。

在确立绩效目标的同时，构建一套清晰明确的考核与奖惩机制同样至关重要。一旦绩效目标得以明确设定，高校应立即着手建立与之相匹配的考核体系与奖惩制度。通过对绩效目标的达成状况进行全面而细致的评估，高校能够有效激励各个部门在预算绩效管理体系中奋勇争先、力求佳绩，进而推动整个高校绩效管理工作得以全面且深入地贯彻实施。

（三）确定部门预算方案

在预算绩效管理体系构建的精细流程之中，部门预算方案的最终敲定构成了极为关键的一环。此环节的核心在于精准把握并明确各部门的战略导向与长远目标，通过深度剖析各部门的战略定位与未来发展蓝图，确保所制订的预算方案能够紧密贴合高校的整体战略规划。为实现这一目标，对历史数据的全面收集与深入分析显得尤为重要。这涵盖了过往预算的实际执行概况、各部门的绩效指标表现等多个维度，旨在从过往经验中汲取教训、提炼智慧，为新预算方案的制订提供坚实的数据支撑与参考依据。在此基础上，明确并精准估算各部门的资源需求成了不可或缺的一步。这要求管理者根据部门的战略定位与既定目标，对所需的人力资源、财务支持及物资配备等进行科学预测与合理规划，以确保部门

能够得以顺畅运转并高效达成既定任务。随后，着手制定详尽的部门预算计划成了关键所在。在这一过程中，需综合考虑成本效益分析与绩效目标的双重因素，力求实现各项资源的优化配置与高效利用，从而使预算方案更具可行性与实效性。通过这一系列严谨而细致的流程，部门预算方案的最终确定不仅能够显著提升资源的利用效率，还能够有力推动各部门朝着既定的战略目标稳步前行，进而实现整体绩效水平的显著提升与跨越式发展。

（四）管理层审批预算

在预算绩效管理体系构建的精密流程内，管理层对预算的审批环节占据着举足轻重的地位。此阶段，管理层需承担起对预算方案进行全面而细致的审核与核准的重任，旨在确保其能够精准契合组织的战略导向与核心价值理念。审批流程的核心，在于深入考量预算方案的合理性、实践可行性以及对既定绩效目标的支撑力度，从而确保每一分预算都能发挥最大效用。管理层的审批行为，其意义远不止于对财务规划的简单认可。它更是对整个组织绩效目标的一次深度验证与明确确认，是管理层对组织未来发展蓝图的一次坚定承诺。通过这一严谨而富有远见的审批流程，管理层不仅是在为组织的财务健康把关，更是在为组织的战略实施与绩效提升奠定坚实的基础。有力的管理层审批，犹如一剂强心针，为预算绩效管理体系的构建注入了强大的动力。它不仅巩固了这一体系的根基，更为组织提供了战略层面的坚实财务支撑，确保了组织能够在复杂多变的市场环境中稳健前行，持续实现绩效的飞跃与提升。

（五）预算的执行与控制

在构建预算绩效管理体系的复杂流程中，预算的执行与控制阶段扮演着至关重要的角色。此阶段，高校需将预算规划阶段所确立的理念与目标切实转化为具体的行动方案，以确保各类资源能够得到科学、高效的配置，并最终实现预期的绩效成果。执行与控制这一动态过程，涵盖了多个至关重要的实施步骤，它们共同构成了预算从理论到实践转化的桥梁。

（六）对预算执行结果进行绩效评价

在预算绩效管理体系构建的最终阶段，对预算结果进行深入的绩效评价构成了不可或缺的一环。此阶段，管理者需严格依据预算初期所确立的目标与各项细化指标，对实际达成的绩效水平展开全面而细致的评估工作。为确保评估的精准性与客观性，首要任务便是进行数据的广泛收集与系统整理，力求获取最为准确、翔实的预算执行实际数据。在此基础上，借助一系列科学、先进的绩效评价工具与方法，管理者将对预算执行的结果进行深入剖析，这一分析过程既包括了对绩效数据的量化处理，也涵盖了对执行效果的定性描述。通过这一细致入微的分析，管理者能够清晰识别出预算执行过程中的亮点成就与存在的问题瓶颈，为后续的管理决策与改进策略提供坚实的数据支撑与事实依据。

（七）根据绩效评价结果，指导和调整下年度预算

在预算绩效管理体系构建的完整流程中，依据评价结果对后续预算进行科学指导占据着举足轻重的地位。这一环节的核心价值在于，评价结果能够作为一面镜子，客观映照出各项绩效目标的具体实现状况。通过对这些评价结果的深度剖析，高校能够精准把握预算执行的成效与不足，从而为后续预算的规划与实施提供极具针对性的战略指引。

在此过程中，高校需将基于评价结果提炼出的改进策略紧密融入后续预算的编制框架之中。这意味着，新一轮预算的制定需充分吸纳评价结果中的宝贵洞见，确保预算分配与实际绩效目标的导向更为契合，从而增强预算的针对性和实效性。这一融合过程要求高校在预算编制时展现出高度的灵活性与适应性，能够敏锐捕捉外部环境与内部需求的动态变化，并据此对预算方向进行适时的调整与优化。

综上所述，依据评价结果对后续预算进行科学指导，无疑是预算绩效管理体系中不可或缺的一环。通过深度挖掘评价结果、与整体战略目标进行细致比对、精心制定改进策略并将其无缝融入预算编制流程，高校能够不断推动预算管理的迭代升级，进而显著提升绩效管理的整体效能与实际成果。

二、预算绩效评价体系指标设置

（一）指标选取原则

1. 科学性与时效性原则

在着手构建预算绩效评价体系的复杂过程中，科学性的坚守构成了首要且核心的指导原则。科学性的内涵远不止于理论层面的严谨与准确，更蕴含着对指标时效性的深刻关注。而对时效性的强调，旨在确保所选用的评价指标能够紧密贴合高校发展的最新动态与实际需求，使预算绩效评价体系能够紧随时代步伐，保持高度的敏锐性与前瞻性。确保时效性，预算绩效评价体系得以不断迭代升级，从而更好地服务于高校的长期战略目标。它要求管理者在构建评价体系时，不仅要深入挖掘指标的内在逻辑与科学性，更要敏锐捕捉高校发展的最新趋势，确保评价体系的每一个细节都能与高校的宏伟蓝图紧密相连，共同推动高校在预算管理领域实现持续精进与卓越发展。

2. 整体性原则

在构建预算绩效评价体系时，整体性原则在指标的选择与确定上发挥着举足轻重的作用。这一原则强调，必须全面、深入地审视并纳入来自各个方面的多样化指标，旨在确保所构建的评价体系能够全方位、无遗漏地覆盖高校的战略导向与核心业务范畴。遵循整体性原则，意味着我们需超越单一维度的局限，不再仅仅聚焦于某一方面的孤立指标，而是

将目光投向高校在财务运作、教学活动、科研创新等多个关键领域的综合绩效表现。这一转变，有助于我们构建一个更为宏观、全面的绩效评价视角，从而确保高校的预算绩效管理工作能够更加科学、系统且可持续地推进。通过整体性原则的贯彻实施，我们不仅能够获得对高校绩效表现更为精准、全面的认知，还能够为高校的预算管理提供更加有力的决策支持，推动其在复杂多变的环境中实现稳健前行与持续发展。

3. 关键性原则

在构建预算绩效评价体系的复杂过程中，关键性原则在指标甄选环节占据着举足轻重的地位。此原则强调，必须精准识别并选取那些与组织的核心使命、长远战略紧密相关的关键性评价指标。通过严格遵循关键性原则的导向，我们得以确保所甄选的指标能够深刻触及组织的绩效核心，对整体绩效产生决定性影响，进而真实、客观地映射出战略目标的达成状况。这一精心挑选的过程，不仅提升了绩效评价的精确性与针对性，更赋予了其鲜明的战略导向色彩。它促使管理者将有限的资源聚焦于那些对组织绩效提升最为关键的领域，通过优化管理流程、提升执行效率，从而推动组织绩效的整体效能实现质的飞跃。因此，关键性原则的践行，不仅是对预算绩效评价体系科学性与有效性的有力保障，更是推动组织持续精进、迈向卓越绩效的必由之路。

4. 可操作性原则

在构建预算绩效评价体系的精密架构中，可操作性原则扮演着不可或缺且至关重要的角色。此原则深刻指出，所遴选的各项评价指标必须具备高度的实践可行性与可调控性，即它们应当能够切实地与组织的日常业务运作紧密相连，且能够借助一系列具体的管理举措与战略决策来加以调整与优化。

遵循可操作性原则，我们致力于确保所确立的评价指标能够成为驱动绩效提升的有力杠杆，使组织在纷繁复杂的运营环境中展现出更高的灵活性与可控性。这意味着，这些指标不仅应当能够真实反映组织的绩效现状，更应当能够通过一系列有针对性的管理措施与策略调整，引导组织朝着更卓越、高效的绩效水平迈进。因此，可操作性原则的坚守，不仅是对预算绩效评价体系科学性与实用性的有力保障，更是推动组织持续改进、实现预算绩效评价目标的关键所在。它促使管理者在构建评价体系时，能够更为精准地识别并选取那些真正能够对组织绩效产生实质性影响的指标，从而为组织的预算管理与绩效评价工作注入更为强大的动力与活力。

5. 动态完善原则

在构建预算绩效评价体系的精细流程中，动态完善原则作为指标甄选的核心指导方针，占据着举足轻重的地位。面对高校内外环境日新月异的变迁，这一原则强调指标体系必须具备高度的灵活性与应变力，能够迅速响应并适应各种新兴挑战与机遇。它不仅要求指标体系紧密贴合当前的实际情况，更着眼于未来的发展态势，确保在瞬息万变的环境中始终保持前瞻性与引领性。为实现这一目标，动态完善原则倡导对指标体系进行定期而深入的评估与审视。通过细致剖析指标在实际应用中的表现与成效，管理者能够及时发现其中存在的问题与不足，进而采取有针对性的调整与优化措施。这一过程不仅确保了指标体系能够紧密跟随高校战略目标的演进与财务管理需求的变迁，更为绩效评价体系的长期有效性与持续精进提供了坚实保障。因此，动态完善原则的坚守与实践，不仅是对预算绩效评价体系科学性与实用性的有力彰显，更是推动高校预算管理迈向更高水平、实现绩效评价目标的关键所在。它促使管理者在构建与优化评价体系时，始终保持敏锐的洞察力与创新的思维，为高校的持续发展与卓越绩效奠定坚实基础。

（二）指标内容

在构建预算绩效评价体系的繁复过程中，指标内容的精心设定构成了其中的核心枢纽环节。此环节不仅关乎具体且可量化的评估基准的确立，更需紧密围绕高校既定的财务愿景与战略导向来展开。在甄选与设定指标内容时，我们需全面考量包括财务稳健性、资源使用效益、教育成效及科研成果转化等在内的多维度因素。具体而言，财务稳健性的评估可涵盖如盈余比率、债务承载能力等关键指标；而资源使用效益的衡量，则可通过对比教育及科研活动的投入与产出比例来实现。在指标内容的设计上，我们力求全面映射出高校多元化的发展需求，确保所构建的评价体系既具备宏观的全面性，又不失微观的具体性，从而为高校的高效运营管理与战略决策提供精准、可靠的参考坐标。为达成这一目标，本节在广泛参阅相关文献案例、并深度咨询领域内专家的基础上，从资源优化配置、人才培养质量、科学研究水平及社会服务贡献等四大维度出发，对国内高校的预算评价体系进行了系统性的构建与优化。具体的指标体系构建详情，请参见表 3-1。

表 3-1　高校预算绩效评价指标

绩效层次	指标名称	序号
资源优化配置 D1	财政拨款增长率	E11
	经费自给率	E12
	固定资产价值增长率	E13
	事业收入增长率	E14
	生师比例	E15
	预算执行率	E16
	国家、省级人才数	E17

续表

绩效层次	指标名称	序号
人才培养质量 D2	招生规模	E21
	学士学位授予率	E22
	省级以上学科竞赛奖数	E23
	毕业生就业率	E24
	省级本科工程建设项目数	E25
	省级以上新增教学成果奖	E26
科学研究水平 D3	国家级科研项目新增数量	E31
	省部级科研项目新增数量	E32
	国家级科研成果获奖数	E33
	省部级科研成果获奖数	E34
	国家级出版社著作出版数	E35
	权威期刊论文新增数量	E36
	发明专利授权新增数	E37
社会服务贡献 D4	成果转化项目	E41
	成果转化资金额	E42
	毕业生留本地占比	E43
	校企合作项目个数	E44

三、确定绩效评价体系指标的权重

（一）确定权重的方法

在构建绩效评价体系的过程中，科学合理地确定各项指标的权重无疑是一项既关键又复杂的挑战。为了应对这一挑战，我们可以采取多种行之有效的方法。其中，专家评估法便是一种被广泛认可且行之有效的策略。该方法的核心在于，通过诚邀来自相关领域的资深专家或高校内部的管理精英积极参与，充分利用他们在各自领域的深厚专业知识与丰富经验，对各项绩效评价指标进行深入细致的评估，并据此为各项指标赋予合理的权重。

除此之外，层次分析法同样为我们提供了一种系统化、结构化的权重确定途径。该方法要求我们首先对各指标之间的相对重要性进行细致入微的比较与分析，进而构建出一个层次清晰、逻辑严密的指标体系结构。在此基础上，我们再借助先进的数学模型与计算方法，精确求出每一项指标在整体绩效评价体系中的相对权重。这一科学严谨的过程，不仅确保了权重确定的权威性与专业性，更能够充分彰显出各项指标在整体绩效评价中所扮演的重要角色及其所作出的突出贡献。

（二）构建层次结构模型

在深入学习层次分析法的基础上，参考现有文献中关于高校绩效预算管理的深入剖析，在此首先将高校预算绩效评价的架构划分为三个递进且相互关联的层级，依次为总体目标层、评价准则层以及具体指标层。毋庸置疑，总体目标层直指高校预算管理绩效这一核心议题。而评价准则层则需广泛涵盖资源优化配置、人才培养质量、科学研究水平以及社会服务贡献这四个至关重要的维度。至于具体指标层，则应当详尽包含表 3-1 中所列举的各项细化指标，以便为绩效评价提供更为精准且全面的数据支撑。这一层级的划分与构建，具体可参见图 3-2 的直观展示。

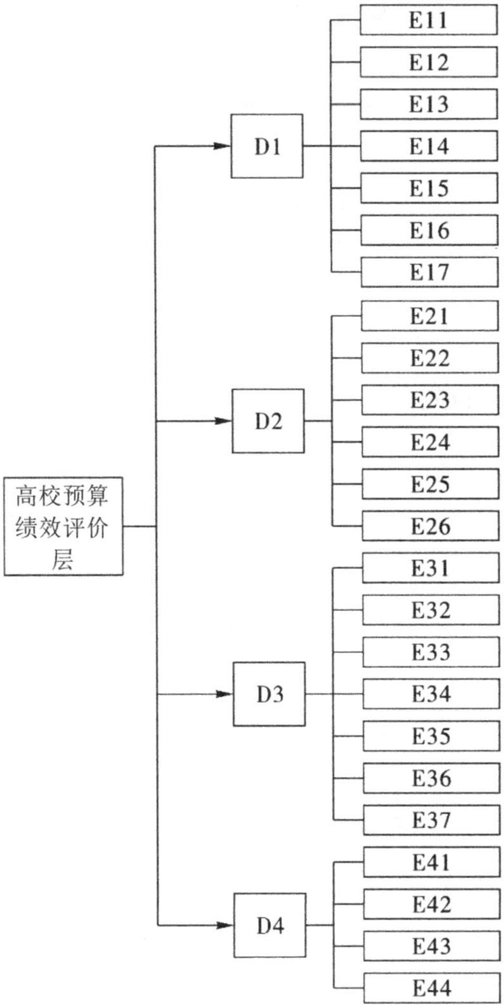

图 3-2　高校预算绩效评价层次模型

（三）一致性校验

一般情况下，对于不同事物之间的重要性差异，每个人的观点都有差异，即使是业界比较专业的人同样如此，这就很难得到数位专家的判断完全一致的结果。因此在实际研究中，我们是允许判断的结果有差异的，只要这种差异在一定的范围内。因此需要开展一致性检验，该环节的具体开展流程是：先得出最大特征根（λ_{max}），然后计算一致性指标CI，再计算一致性比率CR值。如果得到的CR为零，则意味着所有的专家判断都是一致的，这显然是非常困难的，现实中只要该值低于0.1，就认为其符合要求。

首先我们得出λ_{max}，如式（3-1）。

$$\lambda_{max} = \frac{1}{n}\sum_{j=1}^{n}\frac{AW_i}{W_i} \tag{3-1}$$

然后得出一致性指标CI值，如式（3-2）。

$$CI = \frac{\lambda_{max} - n}{n - 1} \tag{3-2}$$

而RI值见表3-2。

表3-2　指标RI位

矩阵	1	2	3	4	5	6	7	8	9
RI	0	0	0.58	0.9	1.12	1.24	1.32	1.41	1.45

四、绩效评价结果的应用

在高校预算绩效管理体系中，绩效评价结果的有效运用构成了不可或缺的关键步骤。通过对这些评价结果的深度剖析，高校能够敏锐地洞察到业务流程中存在的瓶颈与潜在问题，从而为管理层提供坚实的数据支撑与决策依据。这一基于实证结果的应用策略，不仅有助于推动资源的优化配置与战略方向的适时调整，还能在后续的预算编制工作中发挥至关重要的作用，引导高校作出更为明智、更具前瞻性的规划调整，进而全面提升其整体绩效水平。与此同时，绩效评价结果的运用还能够激发组织内部各层级、各部门的积极性与创造力。它促使各部门深入反思自身工作，主动寻找改进空间，不断优化工作流程，以期在绩效评价中取得更佳表现。这种由内而外的驱动力，将有力推动高校实现更高层次的绩效提升，促进其在教育、科研及社会服务等多个领域取得更加显著的成就。

第三节　高校财务预算绩效管理评价的优化

一、高校管理层面

（一）多渠道筹措资金

在高校治理架构中，要确保财务预算绩效管理评价的高效实施，管理层必须聚焦于构建多元化的资金筹措机制。这意味着，管理层应当积极寻求并拓展多样化的资金来源途径，涵盖校内外的深度合作、科研项目的资助以及社会各界的慷慨捐赠等。通过搭建一个广泛且稳固的资金网络，不仅能够显著增强高校的财务应变能力，还能促进财务结构的多元化与平衡发展。这一多元化资金筹措的策略，对于减轻高校的财务负担、提升资金使用效率具有深远意义。它不仅有助于高校在面对财务挑战时展现出更强的韧性，还能在绩效评价的维度上，助力高校实现更为出色的表现。通过精细的资金管理与高效的资源配置，高校能够在绩效评价中脱颖而出，彰显其在财务管理与绩效提升方面的卓越能力。

（二）加强重点学科建设

在高校财务预算管理的绩效评价框架内，强化优势学科建设占据着举足轻重的地位。管理层应当立足长远，确立清晰且具前瞻性的战略目标，以此为导向，将有限的财务资源优先配置于核心与特色学科，旨在全面提升这些学科的竞争力与影响力。通过精心规划师资力量的优化配置、实验室设施的现代化升级等关键领域的财务投入，可以进一步激发重点学科在科学研究、教育教学等方面的活力与创造力，促使其取得更加瞩目的成就。这种精准且高效的财务预算管理策略，不仅能够显著提升高校的整体绩效水平，更能在核心学科领域内构建起更为坚实的竞争优势。通过聚焦重点，优化资源配置，高校能够在激烈的学术竞争中脱颖而出，实现更为长远且可持续的发展。

（三）重视科研项目申报与立项

在探讨高校管理层面的改进策略时，一个不可忽视的关键点是加大对科研项目申报与立项工作的重视力度。通过深刻认识到科研项目对于提升高校研究实力与学术地位的核心价值，管理层能够有效地激发教师与研究团队的科研热情与参与积极性，进而推动高校整体研究层次的跃升与学术声誉的增强。为实现这一目标，管理层应当致力于构建一个既透明又高效的科研项目评审体系。该体系需确保项目遴选过程既注重学术质量，又兼顾实际应用价值，从而确保所选项目既能够在学术界产生深远影响，又能够对社会经济发展产生实际贡献。通过如此重视并精心管理科研项目，高校不仅能够加速知识创新的步伐，还能够显著提升学科在国际国内的竞争力，为进一步优化绩效评价体系奠定坚实基础。

（四）促进预算项目与高校长远发展和谐共进

为了确保高校财务预算项目与高校的长远发展实现和谐共进，我们必须将战略导向置于核心地位。管理层应当承担起确保预算项目与高校总体战略目标紧密契合的重任，通过精心规划，将有限的财务资源优先配置给那些对推动高校发展具有决定性意义的领域。在此过程中，明确战略优先级显得尤为关键，它不仅能够引导财务预算的精准投放，还能够确保每一笔资金都能为高校的整体事业提供强有力的支撑。通过这一系列精心设计的安排，我们最终将实现财务绩效与高校发展的深度融合与协调一致，为高校的持续繁荣与进步奠定坚实的基础。

二、高校共性拓展层面

在高校共性拓展的广阔领域，合理且高效地拓展与利用共性资源构成了核心要务。为达成此目标，高校应积极探寻创新路径，诸如构建资源共享平台、设立联合研究中心等多元化模式，以此整合并优化各类资源优势，从而大幅提升共性资源的利用效率。与此同时，深化与产业界及社会各界的合作成为不可或缺的一环，这不仅有助于推动科技成果的有效转化，更能实现共性资源价值的最大化释放。共性拓展层面的这一系列优化举措，对于高校更好地响应并服务社会多元化需求具有深远意义。它不仅能够显著增强绩效评价的社会效应与影响力，还能够进一步巩固并提升高校在共性领域内的综合竞争力，为高校的长远发展注入更为强劲的动力。

（一）树立预算绩效理念

为了在高校内部根植预算绩效的理念，管理层首要任务在于全面而深刻地理解其核心价值，并对此形成清晰明确的认知。该理念的核心在于，它呼吁在财务预算的编制与执行过程中，不仅要细致考量资金的分配与使用细节，更要将焦点投向结果导向与绩效实现，力求每一笔财务支出都能带来实实在在的成效。管理层应当积极引领财务决策的思维转向，从以往过分关注流程细节转变为更加注重最终成果，强调预算的制定与落实必须紧密围绕高校的战略目标与使命展开，以确保财务管理的有效性、灵活性与战略性得以充分彰显。这一理念的确立，无疑将为高校财务预算管理工作带来一场深刻的变革。它将促使管理层在预算编制时更加注重科学性，确保每一项预算都能精准对接高校的实际需求与发展方向；在执行过程中，也将更加注重灵活性，能够根据外部环境的变化与内部需求的调整，适时作出科学合理的预算调整；通过这一系列战略性的布局与安排，高校将能够在财务管理领域实现更为长远且可持续的发展。

1. 领导层面

在高校共性拓展的宏观视野下，领导层所肩负的首要职责在于树立并深化预算绩效的理念。领导层应当深入领会绩效理念的核心精髓，并将其全方位地融入预算管理体系的构建与优化之中。在这一过程中，领导层需发挥引领作用，强调财务预算的目标导向性，将关注点聚焦于实际绩效的达成，而非仅仅停留于资金分配的层面。领导者应成为推动变革的先锋，积极激励团队成员将效益提升、创新实践与质量优化置于工作的核心位置，促使绩效评价成为驱动共性拓展的强大引擎。通过这一系列理念的树立与实践，领导层将为高校共性拓展注入不竭的动力，使其在预算管理这一关键环节上更加紧密地与高校的长远发展战略相契合，为高校的持续繁荣与发展奠定坚实的基础。

2. 职工层面

在共性拓展的维度上，于树立预算绩效理念的进程中，职工层面的核心聚焦于构建员工的共同理念与深度认知。管理层需精心策划并实施一系列培训与沟通举措，旨在激发职工对于预算绩效理念的内在认同感与强烈的责任心。为此，构建一个信息共享的透明平台显得尤为重要，它能够使员工深刻认识到财务预算在整个组织运营中的核心地位，并清晰洞察个人目标与组织愿景之间的紧密联系。这一系列精心设计的举措，将有力促进整体绩效意识的觉醒，激励员工在各自的工作岗位上展现出更加积极主动的态度，全力参与并支持财务预算管理的深入实施。通过这种全员参与的方式，不仅能够显著增强员工对预算绩效管理的理解与配合度，更能够在整体上推动绩效水平的稳步提升，为组织的长远发展注入源源不断的活力。

（二）加强制度体系建设

1. 建立预算绩效管理组织机构

为了进一步强化制度体系的基石，首要任务是构建一个全面而健全的预算绩效管理组织架构。这一架构的核心在于成立一个专门的绩效管理机构，该机构将承担起统筹规划与协调预算管理和绩效评价之间复杂关系的重任。与此同时，明确界定相关部门及其成员的具体职责，确保在预算的编制、执行及监控等各个环节中，绩效考核的原则与精神能够得以充分彰显与落实。

通过精心构建这一层次清晰、职责明确的组织架构，高校将能够逐步确立起一套科学严谨的决策流程，从而有力推动预算管理与绩效评价的深度融合与高效协同，为财务管理工作的持续优化与创新奠定坚实基础。在此架构下，各部门将在预算绩效管理委员会的精心指导下，独立编制本部门的预算方案，并按时上报预算计划，同时积极实施预算管理与监控工作。如图 3-3 所直观展现的，这一组织架构为普通高校提供了一个清晰而实用的预算绩效管理框架，为其财务管理工作的规范化、高效化提供了有力支撑。

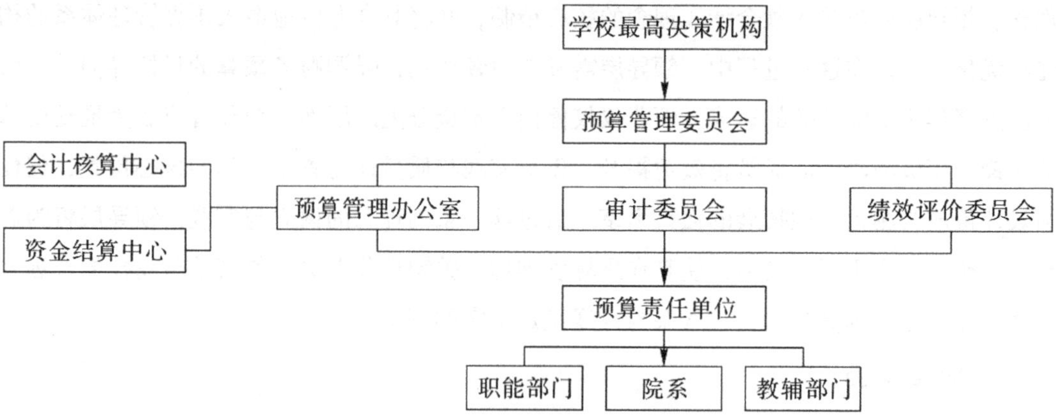

图 3-3 普通高校预算绩效管理组织结构

2. 完善预算绩效评价专项制度

强化制度体系建设的关键步骤之一，在于对预算绩效评价专项制度的全面完善。在这一关键领域，高校应当致力于构建一套清晰明确的评价流程、严谨的评价标准以及科学合理的指标体系，以确保评价工作的科学性与客观性。同时，建立周期性的评价机制与及时的结果反馈系统至关重要，这将确保评价成果能够迅速转化为对预算管理工作的有效指导，为后续的预算编制提供精准的方向与依据。通过这一系列专项制度的持续完善与优化，高校将能够更加高效地运用绩效评价这一有力工具，精准把握预算管理的脉搏，为后续的预算编制工作提供更具前瞻性与针对性的指导。这一举措不仅有助于提升预算管理的精细化水平，更能够在整体上推动高校绩效的稳步提升，为高校的持续健康发展奠定坚实的基础。

3. 引入第三方评价

为了进一步强化高校财务预算管理绩效评价的效能，制度体系建设的深化成了不可或缺的一环，而在这一进程中，引入第三方评价机制则被视为一项至关重要的策略性举措。通过引入具备高度独立性的第三方专业机构来执行评价任务，旨在确保整个评价流程能够秉持更为客观、公正的原则进行，从而在根本上提升绩效评价的公信力与权威性。此举不仅极大地增强了绩效评价结果的可信度，使得评价结论更加令人信服，同时也有效地削弱了潜在的内部利益冲突风险，为评价工作的顺利开展扫清了障碍。第三方评价机构凭借其深厚的专业底蕴与绝对的独立性，能够为高校提供更为全面、深入且客观的绩效评估反馈，这些宝贵的意见将成为高校构建更为科学、高效的预算管理绩效评价体系的重要参考与依据。通过这一系列精心设计的制度安排，高校财务预算管理绩效评价的整体水平将得到显著提升。

4. 建立监督与奖惩机制

在高校财务预算管理制度体系构建的宏伟蓝图中，构建一套健全的监督与激励机制占据着举足轻重的地位。通过设立一套清晰明确、执行有力的监督机制，能够确保财务预算的每一步执行都严格遵循既定规定与战略导向，从而在源头上有效防范各类潜在风险，为高校的稳健前行保驾护航。与此同时，构建一套科学合理的奖惩机制同样至关重要。这一机制旨在通过正向激励与负面约束的双重作用，充分激发各部门及个体的财务责任感与使命感，促使他们在预算执行过程中展现出更高的效率与透明度。通过这样的制度设计，不仅能够显著提升预算管理的整体效能，更能够在绩效评价层面实现质的飞跃，推动高校财务管理与整体事业发展步入更加和谐、协调的崭新阶段。

（三）提升预算绩效信息化水平

增强高校财务管理效能的核心策略之一，在于大幅提升预算绩效管理的信息化层次。借助信息技术的强大力量，能够实现对财务数据的即时监控、深度分析及详尽报告，这一转变将显著提升管理决策的精确度和时效性，为高校的稳健前行注入强劲动力。构建一套高效运转的信息系统，其核心价值在于能够无缝整合财务核心数据及其关联信息，这一举措将极大程度地削减手工操作的烦琐流程，进而推动工作效率的飞跃式提升。更为关键的是，这一信息化平台能够全方位支持绩效评价的数据采集与深度剖析工作，为高校提供一幅清晰、全面的预算执行情况图景。凭借这一详尽的数据支撑，管理层将能够更加精准地把握预算执行的脉搏，为制定更为科学、合理的管理决策提供有力依据，从而不断推动预算绩效向更高水平迈进。

（四）加强绩效评价结果的运用

组织变革的起点，在于深度挖掘并充分利用绩效评价结果所蕴含的价值。这些结果应当被视作引领组织前行的明灯，而非仅仅停留于书面报告的层面。为此，需引入实时数据分析机制与定期审查流程，以确保评价反馈能够迅速且精确地传达至决策层，为其制定科学策略提供坚实的数据支撑。在此基础上，强化员工的参与度同样至关重要。我们致力于构建一个开放且包容的沟通平台，鼓励员工积极发声，将绩效评价的结果与实际业务需求紧密相连，形成紧密的反馈循环。这一举措旨在唤醒绩效评价的内在潜力，使其从单一的评估工具转变为推动组织持续进步与个人全面发展的强大驱动力。通过这一系列精心设计的变革措施，能够激发组织内部的活力与创造力，共同迈向更加辉煌的未来。

第四章　高校财务管理系统设计与实现

高校财务管理系统的构建，其核心聚焦于促进数据的高效共享与流畅交互体验。该系统依托高性能的数据库架构，为财务信息的存储提供了坚实支撑，并巧妙地将预算管理、在线报销、缴费服务平台等关键功能融为一体，精准对接高校的多元化需求。为了实现财务信息化的深度优化，高校倾向于与专业财务软件企业携手合作或直接采购成熟系统，共同攻克财务信息化进程中面临的种种挑战。在系统开发的关键阶段，应高度重视数据标准的统一性与兼容性，以确保信息的准确传递与高效利用。同时，系统设计之初便预留了灵活的扩充接口，为未来功能的扩展与升级奠定了坚实基础。为确保系统能够持续满足实际需求，应坚持定期对系统进行全面的更新与维护，紧跟宏观经济政策的动态调整与会计制度的最新变革，对软件进行适时的优化升级。这一系列举措旨在构建一个高效、安全且严格符合法规标准的财务管理系统，为高校的稳健发展提供强有力的信息支撑。

第一节　高校财务管理系统的需求

高校财务管理系统的构建需全面覆盖并满足其多元化的财务需求，这涵盖了科研经费管理、预算管理、账务报销、费用缴纳等一系列关键环节。系统需具备强大的数据共享与即时更新能力，以确保经费使用的透明度与规范性，为高校的财务管理筑起一道坚实的防线。为此，系统采用高性能的数据库服务器作为数据存储的核心，为财务信息的安全性提供了有力保障。在财务软件的选择上，应积极整合前沿科技，引入智能化报账与自动核算等先进功能，以期在提升工作效率的同时，为财务人员减轻工作负担。此外，系统还需具备良好的兼容性，能够与其他业务系统实现无缝对接，确保财务信息与人事管理、科研项目等关键领域的数据实现高效流通与共享。在设计层面，应着重考虑用户友好性，通过提供直观易用的操作界面，降低系统使用的门槛，使各层级的人员都能轻松上手。同时，系统的更新迭代应紧跟法规政策与经济环境的变化，保持与时俱进，不断提升系统性能，以满足高校财务管理日益多样化与复杂化的需求，为高校的持续健康发展提供强有力的支撑。

一、系统需求概述

在采用纸质媒介保存财务信息的情况下，信息转录成为一项繁重且易出错的任务，它消耗了大量的人力与物力资源，且错误率居高不下。手工操作下的数据计算与整理进一步加剧了这一风险，同时导致工作效率难以提升。而信息化系统的引入，则有效规避了信息的重复转录，显著降低了错误率，并大幅度提升了工作效率。

大量积累的财务纸质资料给保管与查询工作带来了极大的不便。这些纸质文档不仅容易遭受损坏或遗失，而且在查找特定信息时往往耗时费力，严重影响了工作效率。

当前，各大高校在财务管理流程方面缺乏统一的标准，这导致了财务管理实践与结果的显著差异。这种不一致性不仅可能引发错误与遗漏，还可能对整体的财务管理效能造成不利影响。而信息化系统的应用，则为建立标准化的财务管理流程提供了可能，它增强了流程的一致性，有效减少了错误与差异。

在月末与年末等财务报表编制的高峰期，财务人员往往面临巨大的工作压力，工作量的激增极易导致错误的产生，进而可能影响领导层作出准确决策的能力。而信息化系统的应用，则能够自动完成财务数据的整理与报表的生成工作，极大地减轻了财务人员的工作负担，并提高了数据的准确性。此外，信息化系统还能够实现对财务数据的实时监控，为领导层的决策提供更为及时、准确的信息支持，从而优化了决策过程。

二、可行性分析

在着手解决问题之前，对问题进行深入预见与细致分析具有举足轻重的意义，这有助于规避不必要的时间与精力损耗。这一原则在软件开发领域同样适用且至关重要。凭借详尽的分析、周密的规划以及坚实的理论支撑，能够确保软件开发进程的平稳推进，避免潜在障碍的干扰。在软件开发的全生命周期中，开发设计阶段无疑占据着核心且关键的地位。一个缺乏合理性或具体性的开发方案，往往会对后续的开发工作造成深远的负面影响，导致时间、人力资源以及物力资源的浪费。因此，我们必须给予开发设计阶段足够的重视与投入。为了应对财务管理系统多样化的需求挑战，各大高校正积极投身于系统平台的设计与开发工作之中。他们充分利用科技与网络技术的飞速发展，不断更新迭代自身的财务管理系统，以期在信息化浪潮中保持领先步伐。高校方面深刻认识到，只有不断审视并更新自身的需求，才能紧跟社会发展的节奏，确保信息化建设的持续性与前瞻性。这一认识不仅推动了高校财务管理系统的革新，更为其长远发展奠定了坚实的基础。

三、系统用户及用例分析

在高校财务信息化综合管理体系的构建中，其核心用户群体涵盖了财务工作人员、科目管理负责人、高校领导层、教职工以及系统管理员。为确保系统功能的合理划分与高效利用，系统分类标准的设定必须充分考量并贴合各类用户的实际需求，力求实现功能模块的清晰界定与精准匹配。对于财务工作人员而言，系统需集成专业的财务报账、账务核算等核心功能，以支持其日常工作的顺利开展；科目管理负责人则需具备对经费进行合理分配与有效管理的权限，以确保资金使用的规范性与高效性；高校领导层则更为关注整体财务状况的全局把握，因此系统需提供直观可视、汇总详尽的财务报表，以辅助其作出科学决策；广大教职工则可能更侧重于利用系统进行便捷的报账操作，以提升工作效率；而系统运维管理员则承担着系统配置、日常运维与安全防护的重任，确保系统的稳定运行与数据安全。针对上述各类用户群体的差异化需求，系统设计的每一个环节都应力求精准对接，实现功能的高效与针对性利用。通过深度挖掘并满足用户的实际需求，能够将综合管理体系中的各个元素有机融合，进而全面提升整体管理效能，为高校的财务信息化建设提供坚实支撑。

（一）财务工作人员

在财务工作的执行过程中，每位财务工作人员都应恪尽职守，精心管理其职责范围内的各项事务，力求将每一项工作都做到尽善尽美。这包括但不限于汇总总账、整理并上传相关凭证、详细记录日记账与明细账等核心操作；同时，他们还需妥善处理高校的收支管理、借款审批及跟踪等关键流程，确保每一项经济活动都得到准确记录与有效监控。财务工作人员还需承担起整理并呈报相关财务材料的责任，以便管理层能够全面、及时地了解高校的财务状况，进而作出明智的决策。在薪酬管理方面，他们需严格按照既定的标准与程序，精确调整并核发教师的工资，确保教职工的合法权益得到充分保障。图 4-1 详细展示了负责财务工作的人员在用户用例方面的具体安排与实践，清晰地描绘了其在日常工作中所面对的各项任务与挑战，以及如何通过高效的流程设计与精细的操作实践，来确保财务工作的准确性与高效性。

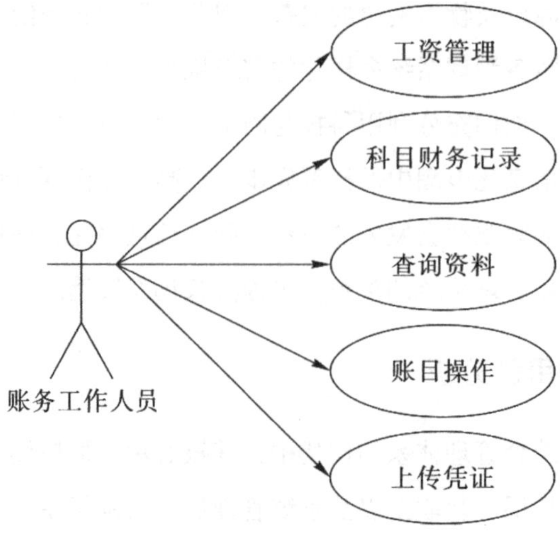

图 4-1　财务工作人员的用户用例

（二）科目负责人

在各高等学府中，科目负责人扮演着至关重要的角色，他们主要负责利用财务管理系统来全面把控高校的财务状况。这一角色涵盖了诸如申请资金借贷、制订奖金分配方案等诸多方面。在执行这些职责时，科目负责人需对各类财务信息进行深度整合与细致分类，同时，他们还需妥善整理与保存相关的财务材料，以确保在后续需要时能够迅速且准确地调取与使用，这一做法不仅严格遵循了高校的财务管理规章制度，更在极大程度上提升了工作效率。图 4-2 详尽地展示了科目负责人在使用财务管理系统时的用户用例情况，直观地反映了其在日常工作中所需面对的各项任务与挑战，以及如何通过高效的信息管理与流程优化，来实现财务工作的规范化与高效化。

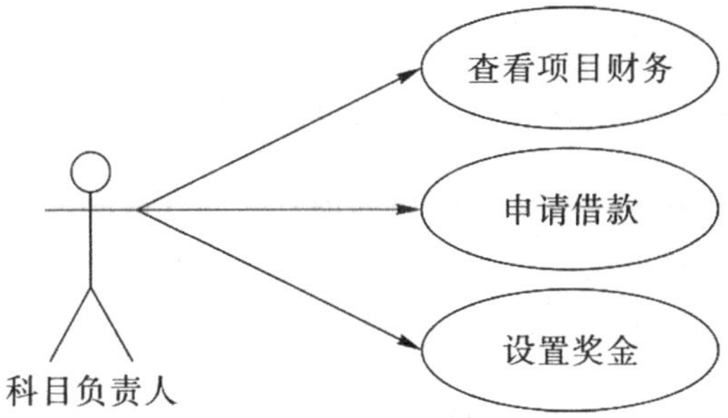

图 4-2　科目负责人用例

（三）高校领导层

在系统的运用场景中，存在着一类拥有更高权限的用户群体，他们便是高校领导层。这一群体不仅具备全局视野，能够作出精准决策，还能够实时掌握校内各部门的运作动态与业绩成果。此外，他们还能够洞悉教职工的薪酬情况，对各类账目进行详尽查询。在这一财务管理系统中，高校领导层被赋予了至高无上的权限，他们能够深入洞察财务状况的每一个细节，包括教师的薪资水平，以及资金项目的申报与审批情况。图 4-3 清晰地描绘了高校领导层在使用财务管理系统时的用户用例情况。通过图 4-3，我们可以直观地了解到高校领导层如何利用其权限对高校的财务状况进行全面而深入的了解，以及他们如何在资金项目的申报与审批过程中发挥关键作用。这不仅体现了高校领导层在系统运用中的重要地位，也彰显了财务管理系统对于提升高校管理效能的重要作用。

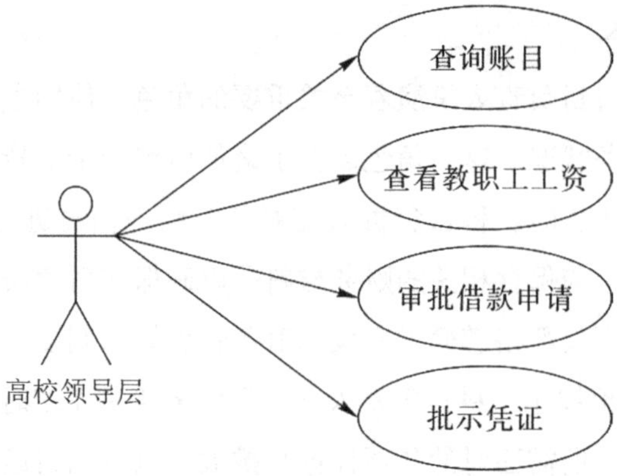

图 4-3　高校领导层用户用例

（四）教职工

在各大高校的财务管理系统中，教职工所享有的管理权限相对有限。这既由于他们并非该系统的直接管理者，也由于该系统的设计初衷并非专为教职工服务。教职工主要通过该系统获取与个人相关的材料信息，而非参与系统的全面管理。图 4-4 详尽地展示了教职工在使用财务管理系统时的用户用例情况，直观地反映了他们在系统中的主要操作与信息获取需求。这一设计既确保了教职工能够便捷地获取个人所需信息，又维护了财务管理系统的整体安全与秩序。

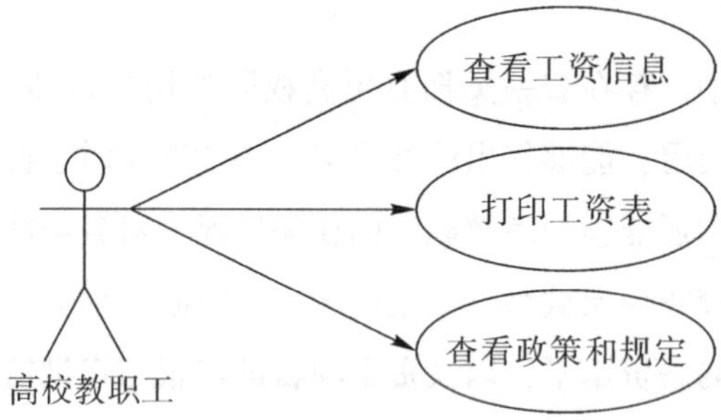

图 4-4　高校教职工的用户用例

（五）系统管理员

系统管理员在高校财务信息综合管理系统中扮演着至关重要的角色，他们承担着系统的事务性管理工作。这包括但不限于系统的初始设置以及定期的软件更新与维护。作为管理系统的唯一责任人，系统管理员的核心职责在于确保服务器的高效稳定运行，以及系统的顺畅使用。他们通过精心管理与维护，使高校的每一位工作人员都能各司其职，更加高效地完成任务，进而保障整个系统能够持续、稳定地运行。图 4-5 清晰地展示了系统管理员在使用财务管理系统时的用户用例情况，直观地反映了他们在系统管理中所扮演的关键角色与所承担的重要职责。

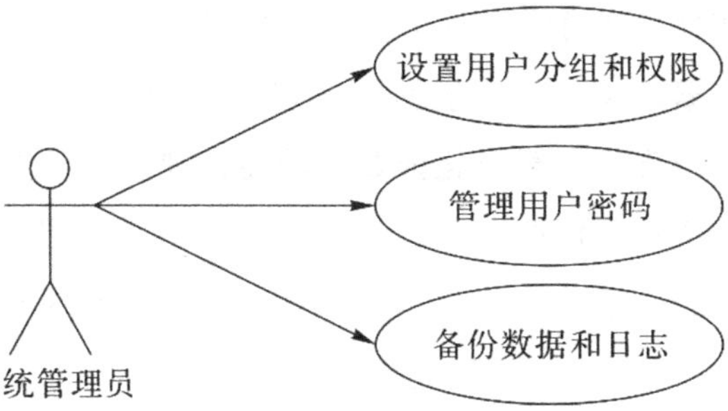

图 4-5　系统管理员的用户用例

四、系统功能需求分析

随着高校财务信息量的持续增长，财务信息综合管理系统的迭代升级显得尤为重要。为顺应这一发展趋势，系统正经历一系列的功能拓展与优化，旨在更全面地涵盖并管理日益庞大的财务信息。这一系列的创新功能被精心引入，以确保系统在面对多样化、动态化的需求时，能够保持高效运作与灵活适应性。通过不断的改进与完善，高校财务信息综合管理系统正逐步构建起一套更加全面、高效且灵活的财务管理机制，以应对未来可能出现的各种挑战与机遇。

（一）系统管理功能

系统管理功能广泛涵盖了密码安全管理、访问权限控制以及数据备份与恢复等多个方面。密码安全管理机制致力于保障用户密码的保密性与强度，进而强化系统整体的安全防护能力。访问权限控制则细致划分为用户组权限分配与用户分组管理两大模块，通过精细的权限设定与筛选机制，确保每位用户仅能执行与其角色相符的系统操作，从而维护系统的秩序与安全。数据备份与恢复功能作为系统管理的重要组成部分，不仅定期对软硬件设施进行必要的升级与维护，还实现了自动化的数据备份流程，这极大地提升了系统的稳定性与数据安全性。此外，该功能还蕴含着丰富的管理与配置选项，使系统管理员能够灵活应对各种突发情况，确保系统在遭遇故障或数据丢失时能够迅速恢复，持续稳定地提供服务。综上所述，系统管理功能在提升系统安全性、稳定性以及灵活性方面发挥着不可或缺的作用。

（二）凭证管理功能

凭证管理功能是一个综合性的系统模块，它涵盖了凭证的上传、审核以及查询等多个关键环节。在凭证上传方面，该功能不仅支持凭证的录入与导出，还融入了凭证的编辑与修正功能，为会计人员提供了一套全面且便捷的操作流程。这一设计极大地提升了会计人员的工作效率，使凭证的录入与修改变得更加灵活与高效。在凭证审核环节，该功能遵循严格的审核流程，由专职的稽核岗位会计人员负责执行。他们会对上传的凭证进行逐一审核，确保其内容的真实性与准确性。一旦审核通过，还需由会计主管进行签字确认，以此作为凭证生效的法定依据。这一流程的设置，有效地保障了凭证的合法性与有效性，提升了财务管理的规范性与严谨性。至于凭证查询功能，则为用户提供了灵活多样的查询方式。它支持模糊查询与精确查询两种模式，用户可以根据自身的实际需求，选择相应的查询方式以快速定位所需的凭证信息。这一设计不仅提升了查询的便捷性，还显著提高了查询的准确率与效率，为用户带来了更加优质的使用体验。

（三）项目管理功能

项目管理功能在高校科研活动中扮演着举足轻重的角色，它专注于记录与监管各类科研项目的财务流动情况，这涵盖了收支管理、借款处理以及账目追踪等多个维度。具体而言，收支管理功能细致地记录了科研项目的每一笔收入与支出，为科研项目的管理提供了详尽且准确的数据支撑。这一功能的实施，极大地便利了科研项目管理者对资金的流向与使用的全面掌握。在借款管理方面，该功能精心设计了一套包含登记、申请及审批在内的完整流程。这一流程不仅确保了借款活动的有序开展，还有效规避了潜在的财务风险。科研人员可以根据实际需求提交借款申请，并经过严格的审批流程，以确保借款的合理性与合规性。项目管理功能以其全面的功能设置与严谨的流程设计，充分满足了高校科研人员对于项目财务信息的查询与管理需求。这不仅提升了科研项目管理的效率与透明度，还为科研活动的顺利推进提供了坚实的财务保障。

（四）财务管理功能

财务管理功能是整个系统架构中的核心组件，发挥着举足轻重的作用。会计管理系统作为该功能的支撑平台，全面且详细地记录了高校的各项财务信息，为领导层与科研负责人提供了强有力的数据支持，满足了他们多样化的查询需求。财务管理功能的嵌入，为财务工作者带来了前所未有的便捷性。它不仅简化了财务信息的记录与查询流程，还显著提升了工作效率。更重要的是，该功能的引入还构建了一套完备的责任追溯机制，确保了每一项财务操作的合法性与合规性。这一机制的实施，不仅提高了财务管理的透明度，还为高校财务工作的规范化与标准化奠定了坚实的基础。

（五）工资管理功能

工资管理模块在高校财务管理体系中占据着核心地位，它专注于教职工薪酬的全面管理。该模块集成了工资表的导出、薪酬信息的查询以及工资数据的维护等多项功能，为教职工提供了一个便捷且全面的薪酬管理平台。

系统特别设计了教职工薪酬信息查询界面，使教职工能够随时掌握自己的薪酬状况。与此同时，工作人员也能够通过该系统发布相关的薪酬通告与资料，供教职工浏览与查阅，从而极大地提升了信息的传递效率与透明度。在查询功能方面，工资管理模块提供了模糊查询与精确查询两种模式，以满足不同用户的查询需求。这一设计不仅提升了查询的灵活性，还确保了用户在授权范围内进行查询与管理操作，有效保障了薪酬信息的安全性与隐私性。综上所述，工资管理模块以其全面的功能与严谨的设计，为高校教职工薪酬管理提供了有力的支持。

五、系统非功能需求分析

（一）会计基础工作的规范化问题

在会计工作的基石构建中，构建会计科目体系、业务活动的记录以及将业务数据录入会计信息系统构成了其核心环节。传统会计范式在信息处理上存在一定的局限性，未能构建一个全面且系统化的信息架构。相比之下，新型会计模式则致力于突破这一瓶颈，通过运用分类、分析与整合数据的策略，打造出一个结构完整且内容翔实的数据库，从而确保数据的真实性与精确性。财务信息系统与会计业务在基础架构层面展现出诸多共通之处。它们均需要遵循一定的标准与规范，对数据进行细致的分类、深入的分析以及系统的整合，以期满足不同用户群体的多样化需求。这一共性不仅揭示了两者在信息处理上的内在联系，也为财务信息系统与会计业务的协同发展提供了理论基础与实践指导。

（二）人员控制职责分离

在财务信息系统的运作框架内及其外部环境之中，人员管控机制的核心在于实现职责与岗位的有效隔离。为了确保系统的自主性与公正性，减少人为因素的不当干预，系统被设计为能够自主执行绝大多数既定任务。然而，即便是在这样的高度自动化环境下，员工的职责划分依然至关重要。为了维护系统的稳健与安全，管理人员与操作人员需共同参与系统的监管工作，形成一种相互监督、相互制约的平衡态势。这种职责上的明确分隔与协同管理，旨在构建一个多重保障的安全机制，从而全方位地确保财务信息系统的高效与可靠运行。

（三）授权控制

授权管理机制的核心在于，根据既定规则为系统管理人员与操作人员分配差异化的权限级别，并针对不同类型的用户群体，设定相应的使用权限边界。这一机制的实施，对于保障数据的完整性与安全性具有至关重要的作用，能够有效防止未经授权的非法访问行为。通过实施严格的用户权限控制策略，系统能够精确界定用户在系统内部的行动范畴，从而确保敏感信息与核心数据不被未授权用户所触及。这一举措不仅提升了系统的保密性能，还显著增强了其安全防御能力，为系统的稳健运行提供了坚实的保障。授权管理机制通过精细化的权限分配与严格的访问控制，为系统的数据安全性与保密性构筑起一道坚实的防线。

（四）信息管理安全性

财务信息的管理是一个综合性的过程，它涵盖了信息的阐释、核心内容的提炼以及组织结构的优化等多个方面。从内容构成上来看，财务信息既包含直观的数字数据，也囊括了详尽的文字描述，这些元素共同构成了财务信息的主体，且这些信息均受到严格的安全保护。在信息的组织结构层面，管理者需对各类信息进行科学的分类、整合与处理，以确保信息的条理清晰、易于理解。此外，置信度作为衡量信息可靠性的重要指标，对于评估财务信息的价值具有不可忽视的作用。为了提升信息使用者对财务信息的理解程度，管理者需对信息进行必要的阐释与说明，以降低信息的解读难度。在此背景下，财务部门应积极响应现代管理需求，构建一套完善且高效的信息管理系统。该系统应明确规定信息的传递流程，确保信息的时效性与准确性，从而提升工作效率，并进一步增强财务信息的可信度与权威性。

六、系统安全性需求

在高校财务管理系统的构建与运行过程中，安全性需求占据着举足轻重的地位。其中，数据安全的保障更是整个财务系统的核心关切所在。系统需确保所有财务数据的机密性得到严格维护，数据的完整性得到全面保障，以及数据的可用性得到充分实现。为了实现这一目标，系统应根据财务工作人员、科目负责人、高校领导层等各类用户的实际职责与需求，为其分配相应的访问权限。这一举措旨在有效规避信息泄露或滥用的潜在风险，确保财务数据的保密性与合规性。与此同时，网络安全问题同样不容忽视。为了防范网络攻击与恶意软件的侵袭，系统应采用先进的防火墙技术与入侵监测系统，构建起一道坚实的网络防护屏障。此外，建立安全的网络通信协议，并对数据传输过程进行加密处理，也是确保财务信息在传输环节中安全无虞的重要措施。这一举措能够有效防止中间人攻击等网络安全威胁，为财务数据的传输提供全方位的安全保障。

系统日志记录机制构成了安全体系的关键一环，发挥着不可替代的作用。一个健全且详尽的日志记录体系，对于追溯系统操作轨迹、侦测异常活动具有至关重要的意义。系统管理员应当承担起对日志的严密监控与深入分析职责，以便能够敏锐地察觉到潜在的安全隐患，并迅速采取有针对性的应对措施。在谈及系统安全性时，物理安全同样占据着举足轻重的地位。为了确保财务服务器与存储介质的万无一失，它们应当被安置在一个安全可靠的物理空间内，并接受严格的访问管控，从而有效杜绝任何未经授权的物理接触。此外，系统还需构建一套行之有效的应急响应预案，以便在遭遇安全漏洞、攻击事件或数据泄露等紧急情况时，能够迅速而有效地隔离问题源头、修补安全漏洞，并第一时间通知相关各方采取紧急行动，从而将损失降至最低。这一预案的制订与实施，对于提升系统的整体安全防御能力、保障财务数据的完整性与保密性具有深远的意义。

第二节　高校财务管理系统的设计

在高校财务管理系统的规划与设计过程中，必须充分考虑学籍信息与财务数据的深度融合与整合，确保两者能够实现同步更新，从而精确无误地反映学费核算的实际情况。为此，系统应采用浏览器/服务器（B/S）架构模式，并依托 Java 开发平台，以实现系统的高效构建与开发。针对新生信息录入这一关键环节，系统应实现迎新系统与财务收费管理系统的无缝衔接，从而简化新生缴费流程，提高缴费效率。这一设计不仅优化了用户体验，还有效提升了财务管理的便捷性与准确性。此外，在整合现代科技与网络技术的基础上，系统应具备高度的稳定性与安全性，以灵活应对高校需求的不断变化与挑战。为实现这一目标，需要对系统进行深入细致的分析与规划，从源头上避免潜在的系统漏洞与安全隐患，进而全面提升财务管理的效能与水平。通过这一系列精心的设计与优化，高校财务管理系统将能够更好地服务于高校的财务管理工作，为高校的稳健发展奠定坚实的基础。

一、系统的设计原则

（一）使用方法简单

在构建高校财务信息化综合管理系统的过程中，遵循简洁明了的设计原则至关重要，这一原则旨在确保系统界面与业务流程能够贴合财务人员的日常操作习惯，从而实现系统的用户友好性与合理性。具体而言，系统的操作指南与架构布局应当清晰易懂，使用户在使用过程中能够迅速上手，无须花费过多时间成本。这一设计原则还强调系统在更新、维护及升级等方面的经济性与高效性。通过优化这些环节，不仅能够显著降低系统运营的总成本，还能够有效延长系统的使用寿命，实现资源的最大化利用。坚守这一简洁设计原则，意味着系统的开发与设计需具备明确且实际的应用价值，而非仅仅追求形式上的新颖或独特。这种以用户需求为导向的设计理念，能够确保系统功能的实用性与针对性，避免陷入华而不实的陷阱，从而为高校财务管理的信息化建设提供坚实而有效的支撑。

（二）实用性要强

实用导向的设计哲学在高校财务信息化综合管理系统的构建中占据着核心地位，这一哲学强调系统不应仅仅沉迷于表面的华丽，而应深刻聚焦于其功能的实用性与实效性。系统界面的打造需精益求精，力求在美观与专业之间找到完美的平衡点，为用户带来愉悦的视觉体验。系统功能的规划与设计更应遵循实用主义的原则，确保每一项功能都能够精准地满足用户的实际需求，避免华而不实的冗余设计。实用性是衡量系统价值的关键尺度，它要求我们在系统开发的每一个环节中都应紧密围绕用户的实际需求进行思考与决策，绝不能因过分追求界面的美观而牺牲了功能的实用性与便捷性。因此，必须警惕形式主义的陷阱，避免陷入只重外观、忽视功能实用性的误区。只有这样，才能确保高校财务信息化综合管理系统能够真正地服务于用户，发挥其应有的价值，成为提升高校财务管理效率与质量的有力工具。

（三）安全性能要高

在构建财务管理信息系统的过程中，将安全性置于首要地位是一项不可动摇的基本原则。在系统的设计蓝图中，必须细致入微地融入权限分配机制、可疑篡改行为的拦截策略、信息的加密处理、存储管理的优化以及系统维护与更新的常态化流程。这一系列举措共同构成了一个坚不可摧的安全防护网，旨在抵御来自各方的潜在威胁。尤为重要的是，系统需具备高度的入侵防御能力，能够精准识别并有效阻止木马病毒等恶意软件的渗透与破坏，从而确保财务信息的完整性与保密性不受丝毫损害。这一安全体系的构建，不仅体现了对潜在风险的全面考量，更是对财务信息无价之宝般的珍视与保护。通过这样周密的设计与部署，财务管理信息系统将能够在保障数据安全的同时，为财务管理工作的顺利开展提供坚实的技术支撑。

（四）系统要具有稳定性

高校财务信息化综合管理系统的构建需严格遵循稳定性原则，这一原则要求系统在正式投入运行后，能够展现出高度的稳定性能。在系统运作的过程中，必须确保万无一失，有效防止任何可能导致信息遗失或被非法篡改的风险发生。为此，系统的设计需充分考量并发访问的场景，确保在面对大量用户同时在线操作时，系统仍能保持流畅与稳定，不受任何干扰。系统的稳定性不仅是技术层面的要求，更是保障财务管理流程顺畅进行的关键所在。它直接关系到数据处理的准确性、及时性以及财务管理的整体效率。因此，在系统设计的每一个环节，都必须将稳定性作为核心考量因素，通过科学严谨的架构设计与优化算法，确保系统能够在各种复杂多变的运行环境中，始终如一地保持其稳定性能，为高校的财务管理工作提供坚实的技术支撑。

二、系统体系结构的设计

系统架构由数据存取层、用户界面层以及业务处理层三大核心组件构成。数据存取层利用标准化的 SQL 语句，实现对信息数据库的灵活访问与高效操作，涵盖了数据的删除、新增及更新等一系列管理活动。用户界面层则作为用户与系统间沟通的桥梁，借助 HTTP 通信协议，实现用户指令的接收与响应，直观展示用户所需信息，并将用户请求无缝传递给业务处理层。业务处理层的核心在于业务逻辑子层的运作，它承载着系统核心功能的实现重任，涵盖了业务规则的制定、具体工作流程的编排以及数据流的调度与管理。业务逻辑子层巧妙地嵌入用户界面层与数据存取层之间，扮演着数据操作指令的执行者与用户需求传递者的双重角色，确保系统功能的精准实现与用户需求的高效响应。数据存取层、用户界面层以及业务处理层三者相辅相成，共同构筑了系统架构的稳固基石，为高校财务信息化综合管理系统的设计与开发工作提供了清晰明确的指引。系统的详细架构设计蓝图如图 4-6 所示，直观展现了各层次间的关联与协作机制。

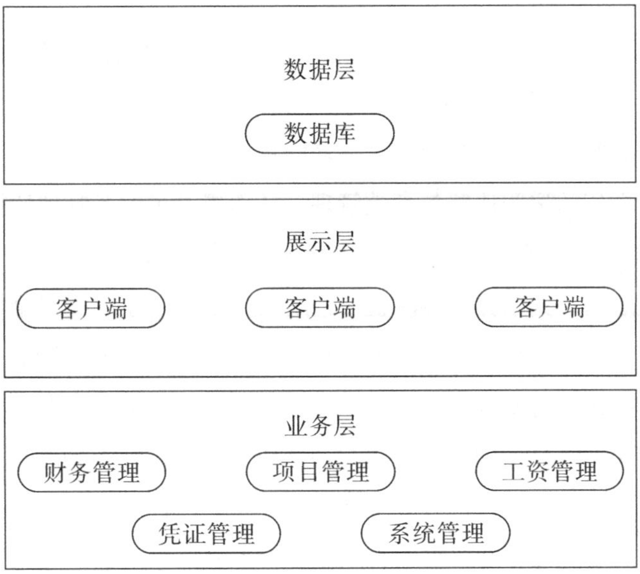

图 4-6　系统架构设计蓝图

三、系统功能模块的设计

（一）财务管理模块

财务管理模块是高校财务工作中不可或缺的核心组成部分，它专注于处理和执行与高校财务相关的各项任务。具体而言，该模块为高校的财务工作人员提供了一个全面的操作平台，使他们能够借助此模块详细记录并管理高校的财务工作。同时，高校的管理层也可以通过这一模块深入洞察高校的财务状况，为决策提供有力的数据支持。鉴于此模块的重要性和多功能性，将其细化为项目查询、财务平衡核算以及会计事务管理三大子功能模块。项目查询功能允许用户快速检索并浏览相关的财务信息，为数据的追踪与分析提供便利；财务平衡核算功能则致力于确保高校财务的稳健与平衡，通过精确的核算与调整，维护高校的经济健康；而会计事务管理功能则涵盖了会计工作的方方面面，从日常账务处理到财务报表的编制，均能在这一子模块中得到高效处理。

图 4-7 详细展示了财务管理模块的功能结构，通过直观的图形界面，用户可以清晰地看到各子功能模块之间的关联与协作，进一步理解该模块在高校财务管理中的重要作用。

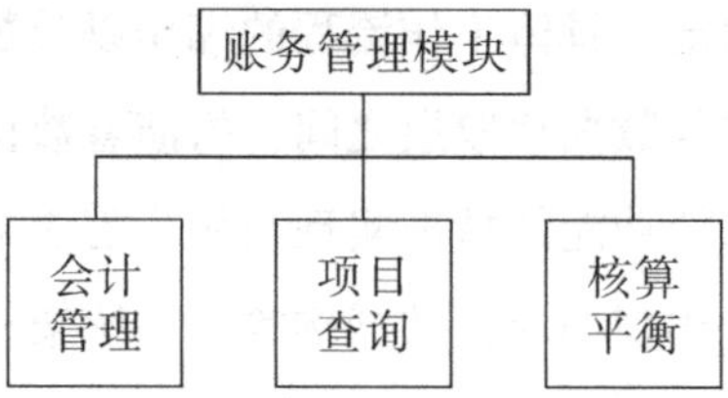

图 4-7　财务管理模块功能结构

1. 会计管理

（1）现金流水账记录系统。该系统根据用户自定义的时间段来生成现金流水账，覆盖从年初至今的所有交易记录。每日的结算汇总将展示年初至今的累计交易金额、累计余额，以及整个选定时间段的交易总额。这一功能极大地便利了出纳人员对现金库存的核算工作，确保了对现金流的透明追踪与高效管理，从而提升了财务管理的精准度。

（2）银行存款流水账记录系统。与现金流水账相似，银行存款流水账也是基于用户设定的时间范围来生成的。其结算内容涵盖了选定时间段内的累计交易金额、累计余额，以及整个时间段的交易总额汇总。这一系统为出纳人员提供了一个便捷的对账平台，确保了银行存款记录的准确无误与高效管理，进一步强化了财务数据的可靠性与完整性。

（3）月度结账处理流程。月度结账处理流程涉及将当月所有记账凭证录入系统后，进行严格的审核与过账操作，随后执行月末结账。在结账过程中，系统会自动汇总各会计科目在本月的借贷方交易金额，并依据上月的借贷方累积余额及累计交易金额，精确计算出本月的累积余额与累积借贷交易金额。这一流程确保了月末结账的精确无误与高效执行，为财务报告的编制提供了坚实的基础。

（4）综合总账系统。综合总账系统能够在用户设定的会计期间内，全面展示总账数据，并提供便捷的打印功能。总账数据是基于每月各科目汇总信息生成的，同时，系统还支持灵活的会计凭证汇总展示功能。这一系统不仅提升了财务数据的可读性，还为财务分析与决策提供了有力的支持。成本估算模型生成活动见图 4-8。

（5）详细账目记录系统（明细账）旨在根据用户自定义的明细账户及指定日期的会计科目，动态展示相关信息，并配备打印功能以满足用户需求。该系统基于每月账务处理后所得的数据进行构建，确保了信息的时效性与准确性。用户可以根据实际工作需求，灵活设定需要查阅的账户及日期范围，从而轻松获取所需的详细账务信息。这一设计不仅提升了账务管理的便捷性，还增强了数据的可追溯性与透明度，为财务分析与决策提供了有力支持。

（6）日常账务记录系统（日记账）是基于每日账务处理后累积的数据构建的，其设计要求实现按月、按日的账务结清。该系统具备强大的功能，能够支持银行对账与现金库存核对的操作需求。通过详尽记录每日的财务活动，日记账为财务管理提供了宝贵的原始数据。为了确保账务数据的准确无误，系统会在每月末自动执行结算流程，对当月的所有账务记录进行汇总与核对。这一设计不仅提升了账务处理的效率，还有效增强了数据的可靠性。借助日记账的记录与结算功能，高校能够轻松实现对银行账户与现金库存的清晰对账，从而全面把握高校的资金流向与财务状况。这一功能不仅有助于管理者及时获取财务信息，作出明智的决策，还能在第一时间发现并纠正潜在的财务问题，为高校的稳健发展保驾护航。

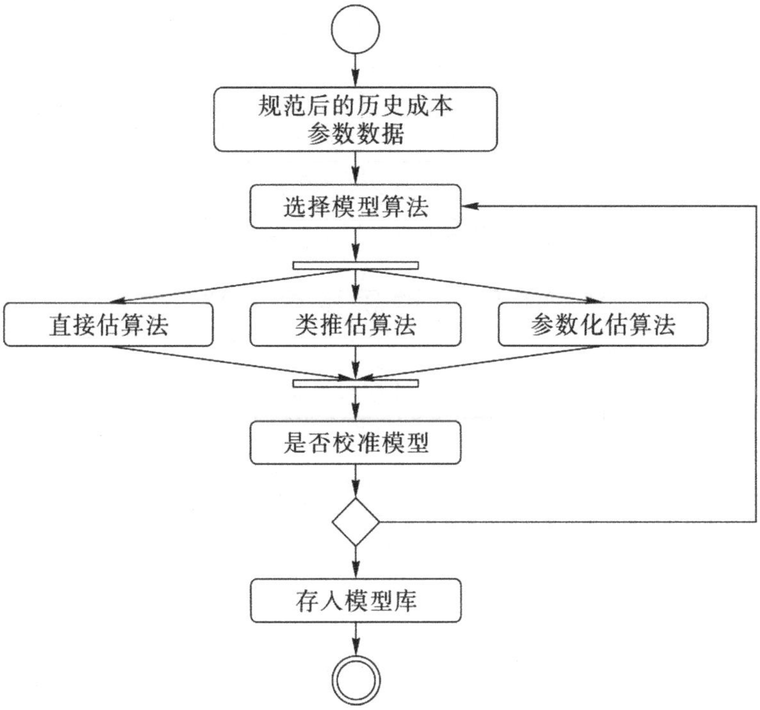

图 4-8　成本估算模型生成活动

2. 核算平衡

财务管理模块中的对账平衡功能专注于满足高校财务工作者的核算需求。在系统登录并验证用户权限后，授权用户能够访问其权限范畴内的账单与凭证信息，进而整合相关资料并进行细致的核对工作。为了确保核对流程的严谨性与有效性，所有核对内容均需由指定的核对人员签字确认，以此作为核对结果有效性的重要依据。这一对账机制的设计，不仅极大地提升了核对工作的执行效率，更在问题发生时提供了明确的责任追溯路径，增强了整个对账过程的可追溯性。此外，通过引入签字确认环节，还显著提高了对账平衡功能的可靠性与透明度，为高校的财务管理提供了更为坚实的保障。

3. 账目查询

财务管理模块中的账目查询功能，其核心服务对象为财务管理人员及高校领导层，旨在助力他们迅速且全面地掌握高校的财务状况，进而作出精准决策。用户登录系统并验证权限无误后，即可浏览其权限所覆盖的账目信息。这一功能的设计，极大地提升了账务信息的可获取性与透明度。

图 4-9 详细展示了账目查询的操作流程，通过直观的图形界面，用户可以清晰地了解查询流程的各个步骤，从而更加便捷地执行账务查询操作。该流程图不仅为用户提供了操作指引，还进一步强化了财务管理模块的用户友好性与实用性。

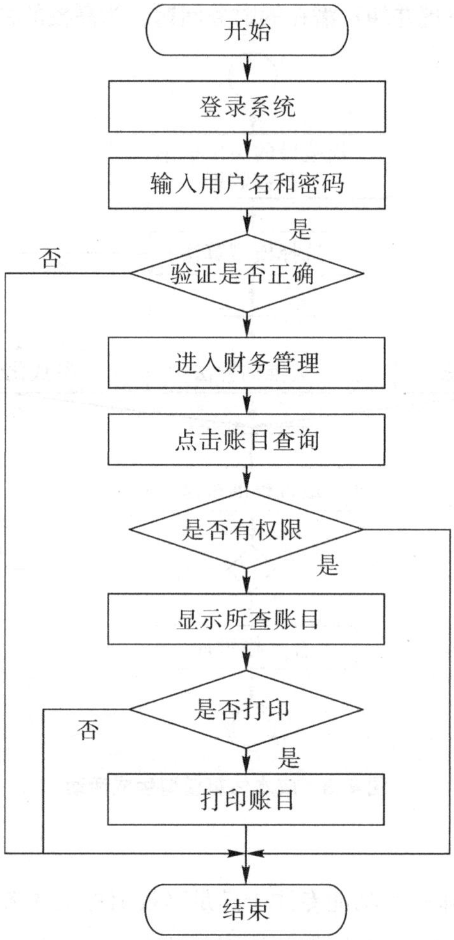

图 4-9　账目查询的流程

（二）项目管理模块

项目管理模块专注于将高校当前实施的项目进行独立梳理与展示，详细记录每个项目所涉及的借款、支出、收入及账目信息，并允许对这些操作进行必要的调整与更新，旨在实现信息的便捷查阅与高效管理。该模块进一步细化为收入项目管理、支出项目管理及借款管理三大子功能，以满足不同维度的管理需求。

图 4-10 直观地呈现了项目管理模块的性能结构，通过清晰的层次划分与功能展示，用户可以迅速把握模块的核心构成及各子功能间的关联，为项目的精细化管理与监督提供了有力的支持。

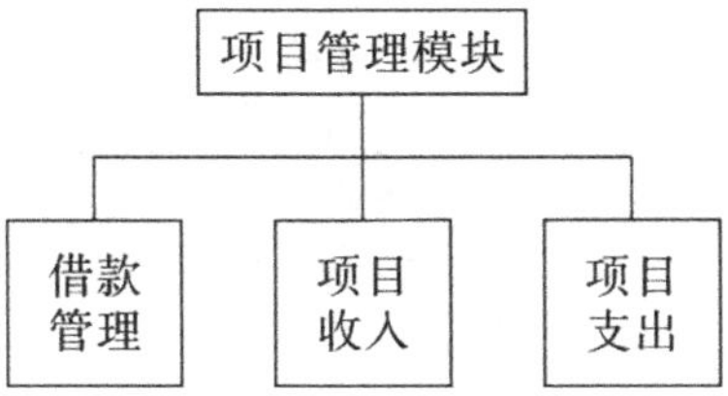

图 4-10　项目管理模块性能结构

1. 借款管理

在项目管理模块中，借款管理扮演着至关重要的角色，它涵盖了审查、申请及登记等一系列复杂流程。这些流程的高效运转离不开多用户的协同作业。具体而言，项目管理者需先通过系统登录，获取借款管理的相应权限，进而提交借款申请并详尽填写相关表单。随后，这些申请表单会被系统自动传送至高校领导层。领导层在登录系统后，会收到系统发出的待审借款申请通知。在仔细审阅申请内容后，领导层会依据实际情况作出决策，并通过系统消息将审查结果及时反馈给借款申请人。若借款申请获得批准，财务工作人员将依据审批意见，执行后续的借款操作，并详细记录相关的财务信息。整个借款管理流程，得益于系统的强大支持，实现了各用户之间的无缝协作与高效沟通。这不仅确保了审查和决策过程的迅速响应，还使项目借款工作得以有序、高效地进行。

图 4-11 详细展示了项目借款的流程，通过直观的图形界面，用户可以清晰地了解借款管理的各个环节及其之间的逻辑关系，为项目的顺利进行提供了有力的保障。

2. 项目收入

项目管理模块的核心功能之一在于精确追踪并记录高校项目财务中的收入动态，这一职责主要由高校的财务团队肩负。具体而言，每当项目产生收入时，负责该项工作的财务专员会及时登录系统，随后对每一笔收入进行细致入微的记录工作。这一过程确保了项目收入信息的全面性与准确性，为后续的财务管理与决策提供了坚实的基础。

3. 项目支出

项目管理模块的核心职能之一，在于精确追踪并记录高校项目财务中的各项支出情况。这一重要职责同样落在高校的财务工作人员肩上。具体而言，每当项目产生支出时，负责该项工作的财务专员会迅速登录系统，随后对每一笔支出进行详尽的记录工作。这一过程确保了项目支出信息的全面覆盖与高度准确，为后续的项目管理与财务分析提供了不可或缺的数据支撑。

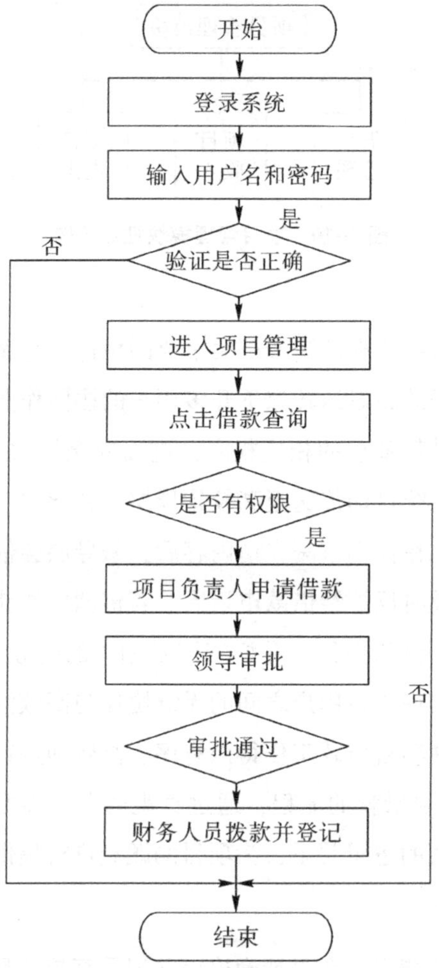

图 4-11　项目借款的流程

（三）凭证管理模块

凭证管理模块在高校财务管理体系中扮演着关键角色，其核心职责在于全面管理财务相关的各类证明文件。根据实际需求，该模块被细分为凭证上传、凭证查阅及凭证审核三大核心功能。这些功能的设置旨在确保财务证明文件的有效管理、便捷查阅与严格审核。

图 4-12 详细展示了凭证管理模块的性能结构，通过直观的图形界面，用户可以清晰地了解该模块的内部构成及各功能间的逻辑关系。这一设计不仅提升了用户的使用体验，更为高校财务证明文件的高效管理提供了有力支持。

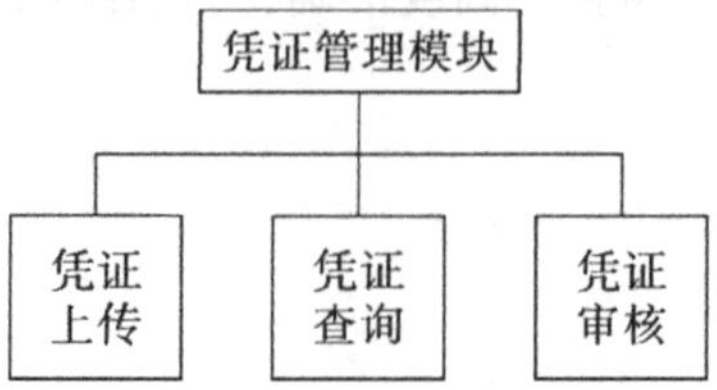

图 4-12　凭证管理模块性能结构

1. 凭证上传

凭证上传模块集成了输出、修正与录入三项核心功能，旨在优化会计流程。具体而言，输出环节涉及会计人员将审核无误的会计凭证转化为标准凭单格式，并附上原始凭证及签章，随后提交至相关部门以供审核。而修正功能则允许制单会计在审核流程启动前，对录入错误的凭证进行必要的调整与更正。录入功能，则是指财务工作人员直接在操作界面上创建会计凭证，并将其准确无误地录入计算机系统中。

图 4-13 以流程图的形式详细呈现了凭证上传的整个流程，通过直观的图形展示，用户可以清晰地了解各个步骤及其之间的逻辑关系，从而更有效地执行凭证上传任务。

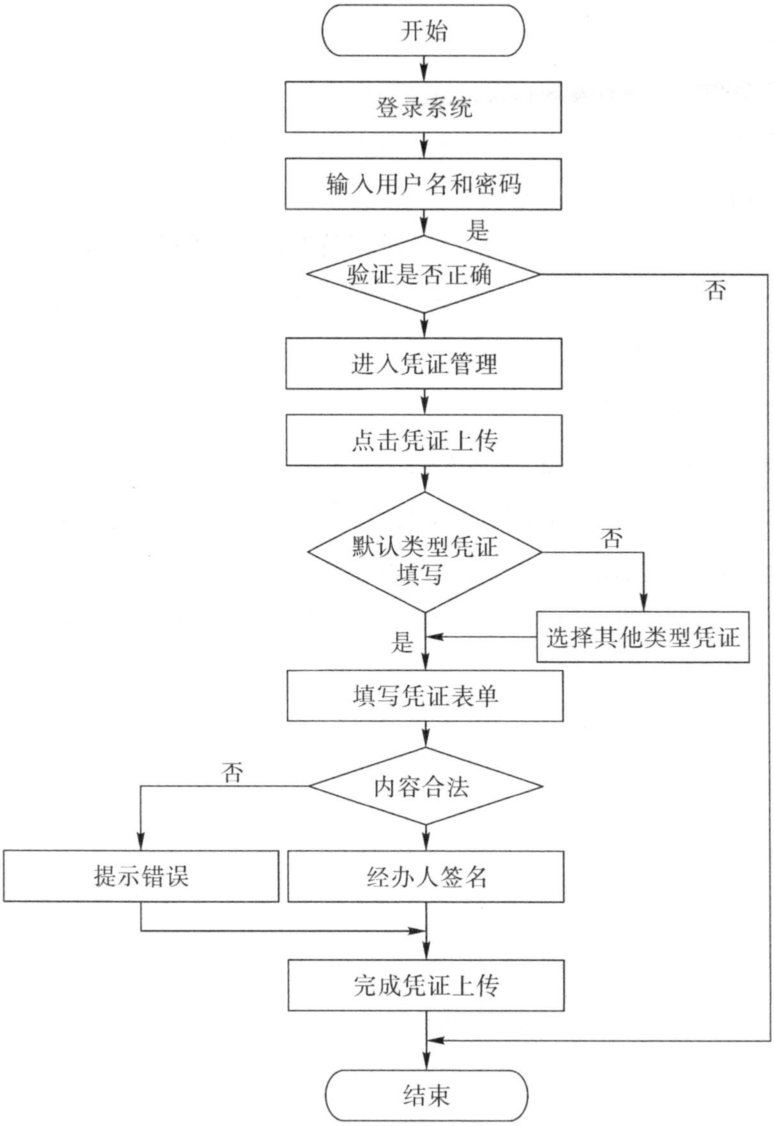

图 4-13　凭证上传流程

2. 凭证查询

凭证查询模块的设计初衷是向具备查询权限的用户提供更为便捷的服务体验。在凭证查询功能中，用户在成功登录并验证权限后，可以根据实际需求选择模糊查询或精确查询两种查询模式。模糊查询为用户提供了根据录入的证明相关信息进行广泛搜索的灵活性，而精确查询则要求用户输入待查询证明的系统编码，系统会立即对所输入的编码进行合法性验证。一旦验证通过且系统能够检索到对应证明，便会详细展示该证明的全部内容，从而满足用户对于凭证信息的精准获取需求。

3. 凭证审核

凭证审核流程的核心在于由专门的稽核岗位会计人员承担审核职责。稽核人员需细致核查录入的凭证信息，一旦发现错误，将立即把凭证退回给制单会计，由制单会计进行必要的修改。若凭证信息准确无误，稽核人员将在凭证上加盖审核章，并转交给会计主管进行最终的审查确认。会计主管的签字是整个审核流程的最后一环，一旦签字确认，该记账凭证便被视为不可修改。若后续发现已签字的记账凭证存在错误，绝不能直接对原会计凭单进行修改。相反，必须按照规范流程重新制作一份正确的单据，用以更正错误，并妥善保留原始错误的单据，以确保财务记录的完整性和可追溯性。

（四）薪酬管理模块

高校财务管理系统中，教职工薪酬管理模块承担着核心职责，专注于处理与教职员工薪酬相关的各项事务。为了满足多样化的管理需求，该模块进一步细化为三大核心子功能模块：一是薪酬报表导出功能，便于数据的整理与分享；二是薪酬信息管理功能，用于全面记录与维护教职工的薪酬详情；三是薪酬查询服务，旨在提供便捷的途径以供教职工查询个人薪酬信息。图 4-14 直观展示了薪酬管理模块的性能结构框架，详细描绘了其内部组成与功能布局。

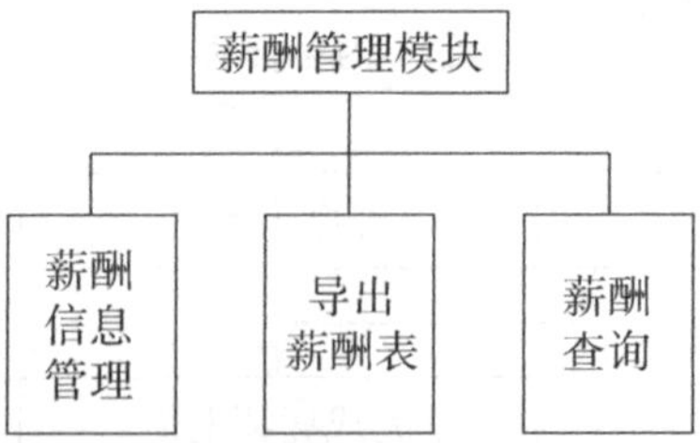

图 4-14　薪酬管理模块功能结构

1. 工资信息管理

在高校财务管理体系中，教职工薪资信息管理功能构成了工资管理模块的重要组成部分。此功能专为高校的财务工作人员设计，确保经授权的用户在成功登录系统并验证其操作权限后，能够对校内教职员工的薪资数据进行全面而精确的管理作业。这一过程不仅涵盖了薪资信息的录入、更新，还涉及对现有数据的审核与维护，旨在提升薪资管理的透明度与效率。

2. 导出工资表

在高校的财务管理系统中，工资管理模块所涵盖的导出薪资报表功能，其核心职责在于实现薪资报表的高效导出与精准打印。此功能设计精巧，能够依据不同用户角色的实际需求，灵活分配并管理相应的操作权限。具体而言，系统会根据用户的身份认证信息及预设的权限配置，为其开放或限制导出薪资报表的操作接口，以确保数据的保密性与操作的合规性。

3. 工资查询

工资信息查询功能专为系统用户群体设计，旨在赋予他们在授权权限框架内访问个人及集体薪资数据的权限，同时能够浏览高校内部发布的所有与薪资相关的公告及政策导向。此功能通过实施精细化的权限分配策略，为不同角色用户提供了差异化的操作权限：教职工成员被授权查阅个人薪资详情，而校级管理层及财务专职人员则具备全面管理和访问全校教职工薪资信息的权限。在功能实现层面，工资信息查询系统整合了模糊搜索与精确检索两大查询模式，以满足用户基于不同需求场景下的信息检索要求，无论是进行大致范围的信息筛选，还是精确到具体条目的数据定位，均能得心应手，极大地提升了信息检索的灵活性与效率。

（五）系统管理模块

系统管理模块承担着对整体系统进行维护、配置及执行相关操作的关键任务，其核心目的在于确保系统能够稳定且高效地发挥其各项性能。该模块涵盖了多项核心子功能，具体包括：密码的设定与安全管理、数据的备份与恢复机制，以及权限的分配与管理。这些子功能共同协作，实现了对系统管理的全面覆盖，从用户身份验证到数据安全保护，再到操作权限的精细控制。系统管理模块的性能结构布局如图 4-15 所示，清晰地展现了其内部构成及各功能组件之间的逻辑关系。

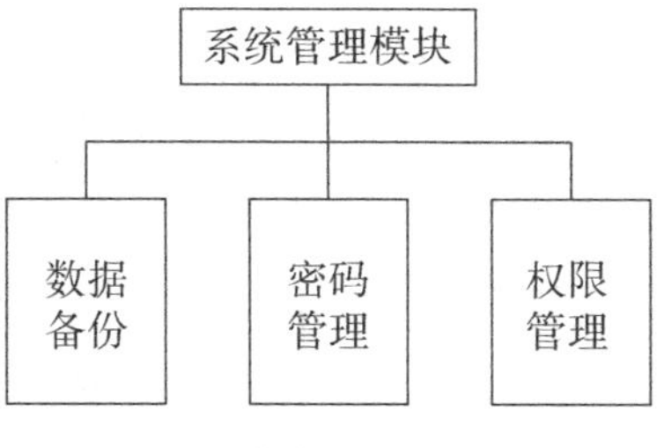

图 4-15　系统管理模块的性能结构

1. 数据备份

系统管理模块中，数据备份功能扮演着至关重要的角色，它负责周期性地复制并存储系统内各类核心数据，同时对系统运行期间所产生的日志记录进行妥善管理与备份处理。这一机制的实施，旨在确保系统数据的绝对安全性与完整性，即便面对突如其来的系统故障或数据损坏等意外状况，也能够迅速恢复系统至先前的稳定状态，有效避免数据的永久丢失，从而维护了系统运行的连续性与可靠性。

2. 密码管理

在系统管理模块中，密码安全管理功能占据着举足轻重的地位，其核心目的在于强化系统用户账户的安全性，尤其是对用户密码的保护力度。该功能通过实施一系列严密的安全措施，包括设定密码的复杂度标准、推行周期性的密码更新制度，以及构建完善的密码找回与重置机制等，旨在全面提升系统的安全防护能力。这些举措共同作用，不仅能够有效抵御未经授权的非法访问企图，还能显著降低因密码泄露等安全漏洞而引发的潜在风险，为系统安全筑起一道坚实的防线。

3. 权限管理

系统管理模块中的权限管理功能，其核心构成涵盖两大维度：其一是用户群组权限的配置与管理，其二是用户分组的细致划分。在用户群组权限管理的范畴内，主要工作是将系统内的用户依据其各自拥有的权限细分为多个特定的群组。系统管理员被赋予创建全新用户群组或删除既有群组的权限，同时，他们还能对单一用户或批量用户的所属群组进行灵活的调整与分配。用户分组管理则侧重于为每一个特定的用户群组设定其在系统内可执行的操作权限集以及禁止执行的操作范围。通过这样精细化的分组管理策略，系统管理员能够实现对用户权限更为灵活且精细的控制与调整，从而确保整个系统能够在一个高度安全的环境下稳定运行。

第三节　高校财务管理系统的实现

在实现高校财务管理系统的过程中，必须紧密围绕高校财务业务的实际需求，融合前沿的信息技术成果与高效的数据库管理系统。该系统的架构设计应全面涵盖数据存取层、用户界面展示层以及核心业务处理层，以确保财务数据的安全性、完整性及高效可用性。具体而言，数据存取层负责数据的存储、检索与维护，为用户提供坚实的数据支撑；用户界面展示层则致力于提供直观、友好的操作界面，优化用户体验；核心业务处理层则聚焦于实现各项财务业务流程的自动化与智能化，提升工作效率。通过这三层的紧密协作，高校财务管理系统得以全面满足财务管理的各项需求，确保财务工作的顺利进行。

一、系统开发环境与工具

在构建高校财务管理系统的开发环境中，我们选择了 Java 作为底层平台，并融合了 HTML、CSS 以及 JavaScript 等前端技术栈，旨在确保系统能够在多种操作系统平台上流畅运行，并提供一个用户友好且直观的操作界面。为了高效管理和存储海量的财务数据，我们选用了广泛应用的 MySQL 数据库系统。为了进一步提升系统的可维护性和扩展潜力，我们引入了 Spring 框架与 MyBatis 持久层技术，这些技术框架的应用极大地增强了系统的灵活性和可配置性。在开发工具的选择上，Eclipse 凭借其强大的集成开发环境成了我们的首选，而 Git 版本控制系统则确保了团队成员之间的代码协作与版本管理的高效与透明。通过这一系列的开发环境与工具的组合应用，我们得以确保高校财务管理系统不仅能够在当前环境下稳定运行，还能够随着业务需求的增长与技术的演进进行持续的优化与升级。

二、系统主要模块的实现

高校财务管理系统的核心实现架构巧妙地融合了数据访问层、用户界面展示层以及核心业务处理层三大关键组件。在数据访问层中，我们采用了 SQL 查询语言与数据库进行交互，以此实现了对财务数据的精确管理与高效检索。用户界面展示层则基于 HTTP 通信协议，精心设计了用户交互界面，旨在为用户提供直观清晰的信息可视化效果以及即时有效的用户反馈机制。核心业务处理层作为系统的中枢，通过深入的业务逻辑设计与实现，承载了诸如预算管理、报销处理、科研经费管理等核心财务功能，确保所有业务规则得到严格遵守与执行。这三个层次间的无缝对接与协同工作，共同构筑了高校财务管理系统的坚实基础，通过模块间的有效整合与协同运作，不仅提升了系统的运行效率，还实现了对财务信息的全方位、精细化管理。

（一）财务管理模块

财务管理模块的核心职责在于全面涵盖并有效管理各项财务工作。在这一模块框架内，财务人员能够便捷地执行包括财务记录检索、财务信息汇报给领导层在内的多项操作。为了更直观地展示账目检索功能的具体界面与操作流程，我们在此借助图 4-16 所示的界面示意进行详细呈现。该界面清晰地描绘了账目检索窗口的布局与功能选项，使财务人员能够迅速上手并利用该功能高效进行财务数据的检索与分析。

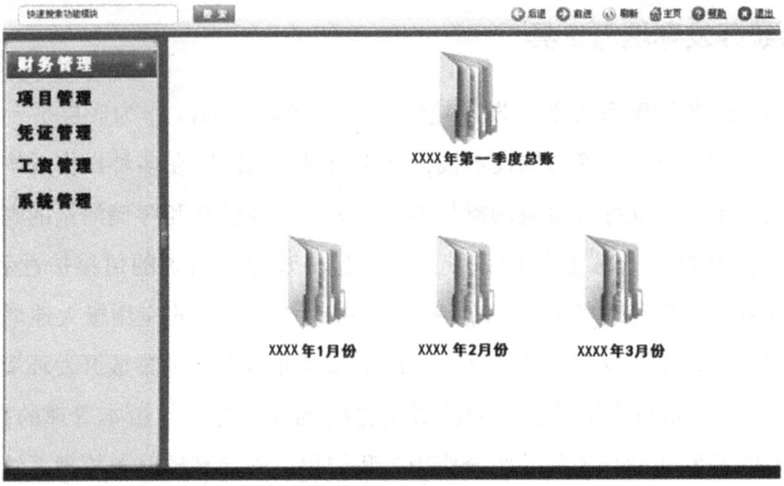

图 4-16　领导层查看高校的账目的界面

（二）项目管理模块

项目管理模块在高校科研管理中扮演着至关重要的角色，它将各个科研项目进行独立划分，并实现了与科研借款、支出、账目记录及收入相关的各类变更与检索操作的有机整合。该模块由三大核心组件构成：收入管理、借款管理以及支出管理。其中，借款管理部分详尽地涵盖了借款审批流程、借款申请提交以及借款信息的详细登记等环节。为了更全面地展示借款申请的具体操作流程与界面细节，在此借助图 4-17 所呈现的详尽借款申请窗口进行深入解析。该窗口设计直观且功能全面，确保了科研人员能够高效、准确地完成借款申请的各项步骤。

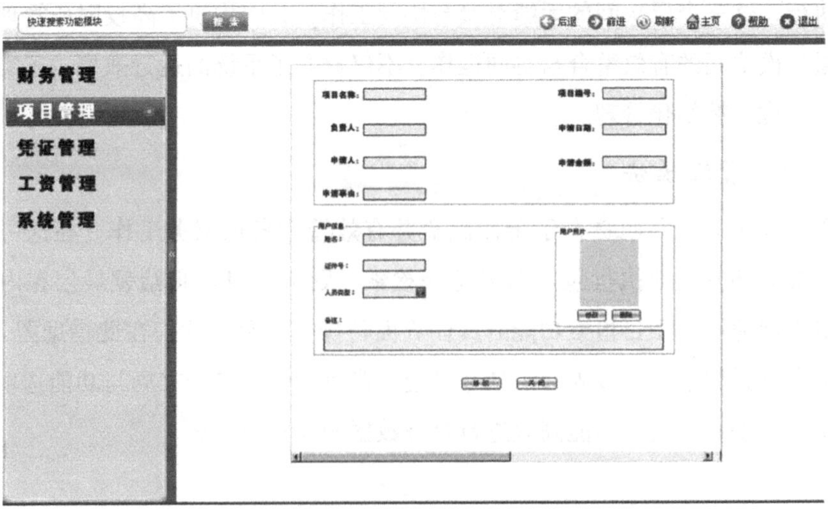

图 4-17　提出项目借款申请的界面

（三）凭证管理模块

凭证管理模块专注于处理与财务凭证相关的各项任务，其功能模块细分为凭证的提交、检索及审批三大环节。在凭证检索方面，操作者可以根据实际需求，灵活运用模糊搜索或精确搜索策略，以快速定位并获取所需的财务凭证信息。随后，稽查专员会对这些凭证展开详尽的审核工作，一旦发现任何错误或不合规之处，将立即进行反馈。接收到反馈后，会计人员会迅速对凭证进行必要的修改，并在修改完成后签署姓名以示负责。最终，这一系列的审批流程将在主管的签字确认下圆满结束。为了更直观地展示凭证提交的具体界面与操作流程，借助图 4-18 所描绘的凭证上传窗口详情进行详细介绍。

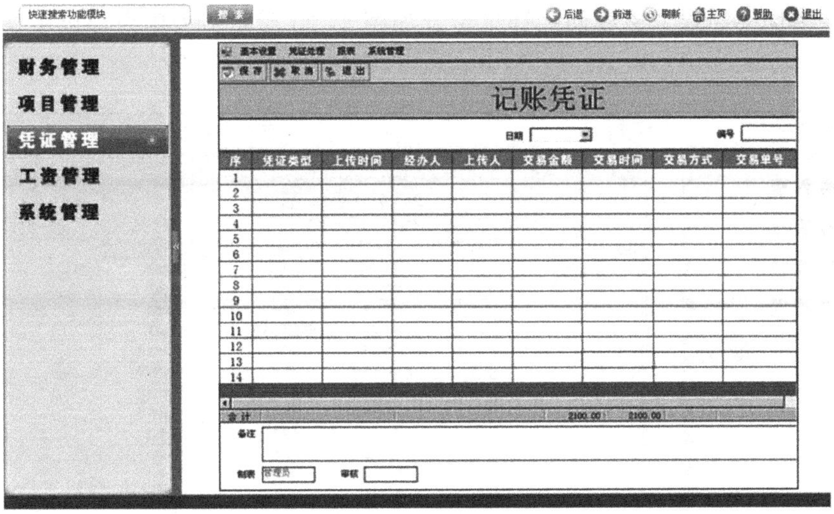

图 4-18　上传凭证的界面

（四）工资管理模块

图 4-19 为教职工查看个人工资表的界面。

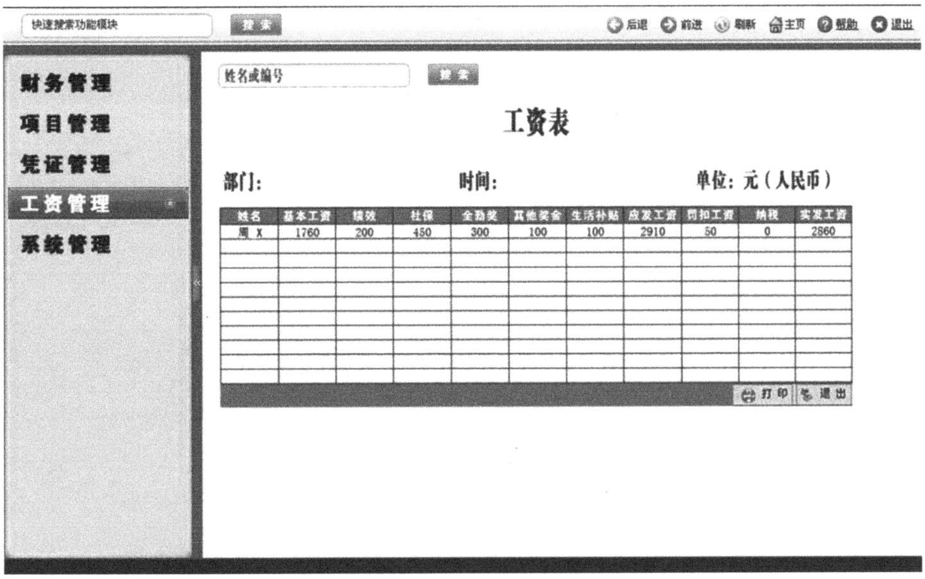

图 4-19　教职工查看个人工资表的界面

(五) 系统管理模块

系统管理模块承担着保障系统顺畅运行与高效管理的核心职责。其功能模块细致划分为数据备份与恢复、账户密码安全控制以及用户权限分配与管理三大组成部分。数据备份机制通过定期复制并妥善存储系统数据与日志文件，为数据安全提供了坚实的防线。账户密码安全控制则专注于提升系统用户账户的保护力度，通过实施严格的密码策略与验证机制，显著增强了系统的整体可靠性。至于用户权限分配与管理的具体实现，则通过直观且易用的用户界面来完成，该界面的详细设计如图 4-20 所示，为用户提供了便捷的操作体验。

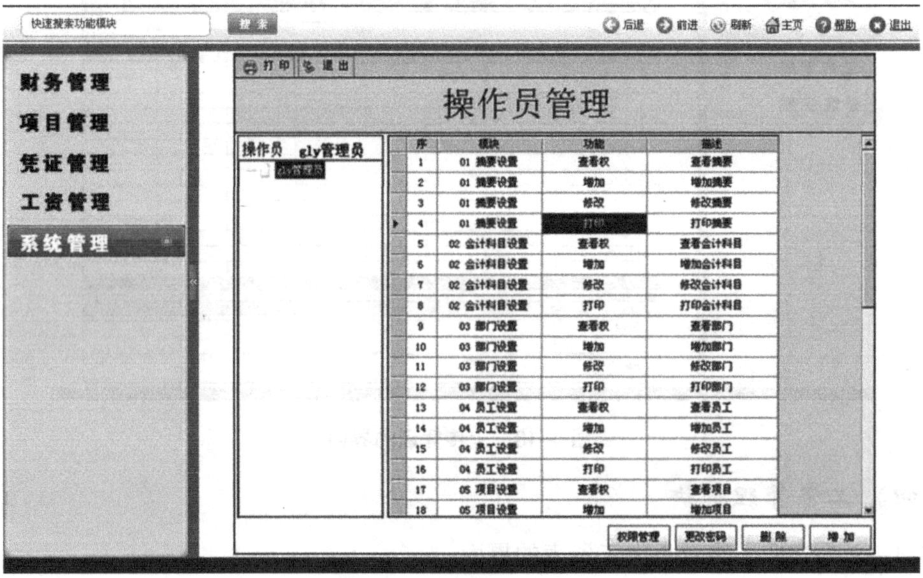

图 4-20　用户管理的界面

第五章　高校财务管理信息化建设

在财务管理的广阔领域中，财务数据无疑占据着举足轻重的地位。通过精心构建数据交互枢纽与深化信息化建设，高校的财务数据资源得以极大丰富与细化，展现出前所未有的详尽与具体。这一变革性的进展，为我们开辟了一条全面且直观地洞察高校运营全貌的新途径，为财务管理工作提供了宝贵且极具深度的数据支撑。数据交互枢纽，这一创新的信息汇聚与流通平台，其角色远远超越了单纯的信息收集与存储，它成了驱动决策制定与战略规划的强大引擎。借助对财务数据的深度剖析与挖掘，高校管理层能够以前所未有的精确度把握财务状况的脉搏，迅速识别潜在问题，并据此采取及时而有效的应对策略。数据交互枢纽的建立，不仅显著提升了数据的可视化水平，更为高校决策者铺设了一条通往更全面、更及时信息资源的道路，为财务管理的科学决策奠定了坚实的基础，提供了强有力的智力支持。

第一节　高校财务管理信息化概述

一、高校财务管理信息化概念界定

（一）财务管理信息化

财务管理信息化的推进远非单纯的技术采纳过程，其成功实现深植于一套行之有效的管理实践之中。这一过程不仅关乎计算机技术的运用，更着重于挖掘并发挥财务人员的内在潜能，并伴随着企业业务流程的深刻重构。信息技术的引入，绝非简单地装配电脑设备与铺设网络线路，而是要求这些技术深度融入既有的财务管理范式之中。

当前，面对瞬息万变的经济环境与日益激烈的市场竞争态势，企业亟须采纳前沿的管理理念，以科学严谨的态度进行管理。遗憾的是，部分企业存在管理松散、内部控制机制不健全的问题，甚至财务数据的真实性也饱受质疑，报表粉饰现象屡见不鲜。这些问题凸显了实施科学、规范、高效管理模式的迫切性。在财务管理信息化的征途中，企业需着力强化内部控制体系的建设，确保财务数据的准确无误，从而更有效地适应经济环境的变迁，并在激烈的市场竞争中立于不败之地。

（二）高校财务管理信息化

1. 高校财务管理信息化的含义

高校财务管理的信息化进程，实质上是信息技术与财务管理实践在高校领域的深度融合。这一过程旨在通过革新财务工作的运作模式，充分利用先进的信息技术与数据库技术，全面实现财务活动信息的采集、细致分类与高效汇总。这一系列操作的核心目的，在于为管理层提供一套集成化的管理与控制工具，使他们能够据此进行决算编制、未来预测、科学决策及严密监管等多维度分析。此举不仅确保了财务活动的合法性与合规性，还从根本上保障了资金使用的安全性与真实性。最终，这一系列信息化举措将共同推动高校办学效益的最大化，为高校的长远发展奠定坚实的财务基础。

2. 高校财务管理信息化的特征

高校财务管理的信息化进程，作为高校紧跟社会发展趋势、积极融合互联网技术与自身独特属性的战略行动，展现了其在适应复杂教育管理环境和社会经济变迁中的前瞻视野。与众多行业相仿，高校财务管理领域亦致力于深度挖掘互联网技术的潜力，持续提升其信息化层级，以灵活应对教育管理和社会经济领域日益增长的复杂性。

在此过程中，高校财务管理信息化的特质凸显出其不可替代的重要性。它并非仅仅是将互联网技术机械地嵌套于传统的财务管理流程之中，而是标志着一种深刻的变革：通过彻底重塑财务工作的架构，巧妙融合信息技术与数据库技术的强大功能，进而实现对高校财务活动信息的全方位、深层次管理。这一变革不仅强化了财务管理的效率与精度，更为高校在快速变化的社会经济环境中稳健前行提供了坚实的财务支撑。

二、高校财务管理信息化发展概述

在信息技术的迅猛推进下，高校财务管理信息化展现出一种多维度、跨领域的蓬勃发展趋势。财务信息系统的构建已逐步跃升为高校管理体系的核心板块，它不仅实现了财务数据的即时捕获、深度分析与高效处理，更为高校管理层提供了更为精确且时效性强的财务信息，为科学决策提供了坚实的数据支撑。

财务信息化的发展浪潮，进一步推动了高校财务管理工作的精细化与标准化进程。依托财务信息系统，高校能够实现对各类经费的严密监控与精细化管理，显著提升了资源的配置效率与使用效益。同时，财务信息化的广泛应用也为高校带来了更为便捷的财务服务体验，有效缩短了财务流程，大幅提升了工作效率。随着财务信息化系统的不断演进，高校财务管理人员亦面临着提升自身信息技术能力的迫切需求，以适应新时代的管理挑战。展望未来，随着信息技术的持续革新，高校财务管理信息化将发挥举足轻重的作用，引领并推动高校管理水平的全面提升，为高校的稳健发展注入强劲动力。

（一）手工记账时期

在计算机尚未广泛普及的历史时期，高校财务管理主要依赖于传统的手工记账方式。鉴于当时高校的经费来源相对单一，且人员构成与部门设置较为简约，手工记账模式已足以应对基本的财务管理需求。通过一系列的手工操作，包括记录账目、汇总数据与分类信息，逐步构建起了财务管理的初步框架。追溯中国悠久的历史，记账行为源远流长，早期的“账房”概念历经岁月变迁，其精髓得以延续并演化至今，成了现代财务部门的前身与基石。手工记账虽显古朴，却在那个特定时代背景下，为高校的财务管理奠定了坚实的基础，并为其后续向信息化、现代化转型埋下了伏笔。

（二）会计电算化时期

随着时代的不断前行与社会文明的持续进步，计算机技术逐步渗透至高校财务管理的广阔领域。在一系列一线城市中，部分高校率先迈出了历史性的一步，引入了计算机作为记账工具，从而取代了沿袭已久的手工记账方式，正式宣告了会计电算化时代的到来。在这一崭新的历史阶段，尽管财务管理的核心宗旨与基本框架未发生根本性的转变，但记账手段却迎来了革命性的飞跃。计算机技术的广泛应用，使财务数据的处理精度得到了前所未有的提升，数据的查找与汇总工作也变得更加便捷高效。诚然，在那个时代，计算机的普及程度尚显不足，财务软件的功能相对简单朴素，且教职工与学生群体对于计算机的使用习惯尚处于逐步适应与转变的过程中。然而，会计电算化这一里程碑式的变革，已然标志着财务管理领域从手工操作向计算机化记账的跨越，尽管从本质而言，其变化尚局限于工具与手段的革新，但这一转变无疑为后续的深入发展奠定了坚实的基础。

（三）局域网时期

随着计算机技术的广泛普及与互联网的蓬勃发展，众多位于一线城市的高校纷纷构建起校园局域网，标志着财务管理迈入了一个全新的信息化阶段。在此期间，众多新颖的财务软件及专业的财务管理系统如雨后春笋般涌现，为财务管理工作带来了前所未有的变革。然而，局域网的应用亦伴随着一定的局限性，即财务系统信息与外界计算机之间的互联互通面临挑战，这在一定程度上阻碍了外部经济业务的整合以及财务信息的共享。

各财务软件之间的衔接不够顺畅，呈现出较强的封闭性特征。尽管计算机技术的飞速发展在一定程度上优化了财务管理流程，提升了管理效率，但财务系统在开放性与整合性方面仍存在明显的不足。因此，如何在保障信息安全的前提下，进一步提升财务系统的开放程度，实现与外部系统的无缝对接，以及促进财务信息的广泛共享，成了当前财务管理信息化进程中亟待解决的关键问题。

（四）互联网时期

在互联网技术的迅猛推动下，我们步入了网络信息化时代的新纪元，与此同时，移动端技术的异军突起，更是将财务管理信息化推向了一个高度互联互通与资源共享的新高度。在这一时代背景下，高校财务管理的几乎所有业务流程均能够依托互联网这一强大平台得以高效完成，彻底摆脱了传统内部环境的束缚与局限。高校财务部门与内外部机构、学生群体之间的数据交互变得更为流畅与精准，实现了无缝对接。与此同时，通过与其他各类系统平台的深度整合与数据连接，高校财务管理得以享受更为高效的数据处理、共享及深度分析服务。这一系列变革不仅极大地提升了高校财务管理的便捷性与灵活性，更为其与教育、科研等其他领域的深度融合与协同发展创造了有利条件，共同推动着高校财务管理向更加现代化、智能化的方向稳步迈进。

三、高校财务管理信息化相关理论

（一）耦合理论

耦合理论阐述的是一种现象，即两个或多个体系或运动模式通过相互借力、相互作用，进而产生关联性影响。在这一过程中，各个子系统之间存在着积极的、良性的互动关系，它们相互协调、相互配合，共同促进了一种动态的、相互关联的状态。无论是企业还是部门，都应当在立足于自身核心业务优势的基础之上，寻求相互之间的整合与协同，进而形成一种互动的、相互促进的耦合体。在这一耦合体中，各个组成部分不仅能够发挥各自的优势，还能够通过相互之间的支持与补充，实现整体效能的提升。这种耦合关系的建立，不仅有助于提升各子系统间的协作效率，还能够促进整体系统的稳定性和可持续发展。因此，无论是从企业的角度还是从部门的角度出发，都应当积极探索和实践耦合理论，以实现更高效的资源整合和更优的业务协同。

（二）内部控制理论

耦合理论着重阐述了不同体系或运动模式间相互影响与相互作用的深刻内涵。在企业与部门的运营管理中，该理论深刻指出，各个子系统之间存在着一种积极的、相互促进的互动关系，它们相互协调、相互支持，共同构建了一种动态的、高度关联的协调配合机制。

在构建企业的组织架构时，我们应当在充分认识和发挥自身优势的基础上，积极寻求各个子系统之间的整合与协同，以期形成一种互动的、相互促进的耦合体系。这一耦合体系不仅能够提升企业的整体运营效率，还能够增强企业的灵活性和适应性，为企业的可持续发展奠定坚实的基础。通过深入理解和应用耦合理论，我们可以更好地优化企业的组织架构，实现资源的高效配置和价值的最大化创造。

（三）流程再造理论

在高校管理体系的革新进程中，业务流程的优化与再造策略被广泛地应用于财务管理、招生流程管理以及组织机构架构调整等多个关键领域。这一策略的核心目的在于，通过对现有业务流程的深入剖析与合理优化，有效降低管理成本，显著提升工作效率，进而推动高校管理向更加健康、高效的方向发展。

尤为值得一提的是，随着互联网的蓬勃兴起与信息技术的飞速发展，信息技术在业务流程再造中的应用已经变得不可或缺。借助信息技术的强大力量，高校能够更为精准地把握财务管理等核心领域的实际需求，设计出更加贴合新形势、新要求的业务流程。这不仅极大地提升了流程执行的效率与准确性，更为高校在新时代背景下的稳健前行提供了坚实的支撑与保障。因此，深入探索信息技术在业务流程再造中的融合应用，对于推动高校管理的现代化转型与持续健康发展具有深远的意义。

（四）信息不对称理论

信息不对称理论深刻揭示了市场经济环境下，受多重因素制约，不同市场参与者所掌握的信息呈现出显著的非均衡状态，即信息不对称现象。在高校财务管理的具体情境中，这种信息不对称体现为各部门在获取财务信息方面存在的明显差异，这种差异可能严重阻碍财务制度的有效执行，增加财务事故的风险，对高校的财务管理构成潜在威胁。为了应对这一挑战，充分利用信息技术，尤其是信息化手段，成了破解信息不对称难题的关键路径。通过信息化技术的应用，高校财务管理能够实现更高程度的透明化与公开化，从而有效缓解乃至消除信息不对称现象，确保财务信息的一致性与公正性，为财务管理的健康发展奠定坚实基础。进一步而言，信息化技术的深度融入不仅能够解决信息不对称问题，还能够显著提升财务人员的工作效率。借助信息技术的力量，烦琐的财务数据处理与分析工作得以简化，财务人员得以从重复性劳动中解放出来，专注于更具战略意义与价值的工作。这种转变不仅促进了财务人员个人能力的提升，更推动了高校财务管理整体效能的飞跃，为高校的稳健发展提供了有力支撑。

第二节　高校财务管理信息化建设分析

一、高校财务管理信息化建设的价值

高校财务管理信息化的构建与推进，其深远价值不仅在于提升管理运作的效率，更在于强化财务监管的效能、促进财政资源的优化配置以及积极顺应时代的发展潮流。信息技术的深度融入，使财务数据的采集工作变得更为迅速且精确，为高校管理层提供了及时且全面的决策支持信息，极大地增强了决策的时效性与科学性。

在财务监管层面，信息化的实施显著提高了监管的力度与深度，为高校筑起了一道坚实的财务风险防线。通过构建全方位、多层次的监管体系，高校能够更为有效地识别、评估与防控潜在的财务风险，确保财务活动的稳健运行。

此外，信息化手段的运用还极大地促进了高校财政资源的优化配置。借助先进的信息管理系统，高校能够实现对财政资源的精细化管理与科学化配置，确保每一分资金都能用在刀刃上，实现资源利用效益的最大化。

更为重要的是，财务管理信息化的建设使高校能够更好地适应时代的发展变革，不断提升自身的管理水平与服务效能。在这一过程中，信息化所带来的便捷性、高效性以及智能化管理成了高校财务工作不可或缺的重要组成部分，全面推动了高校财务管理水平的跃升。综上所述，高校财务管理信息化的推进对于提升高校整体管理水平、促进教育事业健康发展具有不可估量的重要意义。

（一）提高工作效率

我国高校财务管理工作的复杂程度与重要性不容忽视，其面临的挑战日益凸显，传统的工作模式已难以全面满足既定的管理目标，因此，信息化建设成了提升工作效率、应对复杂挑战的关键举措。财务管理信息系统的引入，为高校财务工作带来了前所未有的高效性与便捷性。该系统通过信息的高度集成，将财务管理的各个环节紧密相连，形成了一个有机整体，有效避免了数据的重复录入等烦琐的机械性工作，从而显著提升了工作效率。

信息化技术的深度应用，不仅优化了财务管理流程，还为新员工提供了强有力的支持。借助信息化平台，新员工能够更快地熟悉并掌握财务工作的各个环节，降低了对丰富经验和深厚阅历的依赖，使他们能够在更短的时间内融入团队，发挥出应有的作用。这一变化，无疑促进了高校财务管理工作的现代化进程，提升了财务管理的专业化水平，为高校财务管理的长远发展奠定了坚实的基础。

（二）凸显服务功能

高校财务管理工作致力于为广大师生及相关社会单位提供全面、高效的服务，而信息化建设则为这一服务功能的实现提供了强有力的支撑。借助财务信息化的力量，学生和教师能够享受到更为便捷、流畅的财务服务体验。信息化建设通过精简流程、优化操作，显著减少了师生的等候时间，消除了烦琐的中间环节，使财务管理变得更加直观、高效，极大地提升了服务质量和效率。在这一过程中，财务管理的作用不再局限于单纯的经济事务处理，而是更多地体现在提供便捷、智能的服务体验上。这种转变不仅提高了高校内外对财务管理工作的满意度，还进一步提升了财务部门的公众形象与声誉，为高校赢得了更多的信任与支持。更为重要的是，信息化的服务功能还能够深入激发师生对财务工作的信任感。通过提供透明、准确、高效的服务，信息化手段让师生更加直观地感受到财务管理的规范性与专业性，从而为他们树立更加积极、正面的形象。这种信任感的建立，无疑为高校财务管理的发展创造了更加有利的条件，为其在未来的工作中赢得更多的认可与支持奠定了坚实的基础。

二、高校财务管理信息化建设总体情况

（一）预算信息化系统的现状

预算在高校财务管理体系中占据着举足轻重的地位，它不仅是财务管理不可或缺的组成部分，更是强化内部管理、提升运营效能的关键工具。在高校预算的编制实践中，财务处的预算管理科无疑扮演着核心执行者的角色，其职责之重不言而喻。

高校预算的编制工作，其核心目标在于向财政部门提交精准、全面的预算报告。为实现这一目标，高校内部各部门需根据各自业务特性的不同，灵活采用多样化的编制方式，以确保预算内容的准确性与实用性达到最优状态。预算编制的详细流程如图 5-1 所示，这一过程涵盖了资料搜集、预算编制与预算审核三大关键环节。具体而言，首先需广泛搜集并整理各类相关资料，为后续工作奠定坚实基础；其次，基于科学严谨的方法论，精心编制预算方案；最后，通过严格的审核机制，确保预算的合理性与可行性。然而，值得注意的是，在当前高校财务系统的实际应用中，尚缺乏专门针对预算管理的信息化系统支持。这一现状导致预算数据的处理与互联仍依赖于人工手动操作，不仅效率低下，而且易出错。因此，加快构建高校预算管理信息化系统，实现预算数据的自动化处理与高效互联，已成为提升高校预算管理水平、推动财务管理现代化的当务之急。

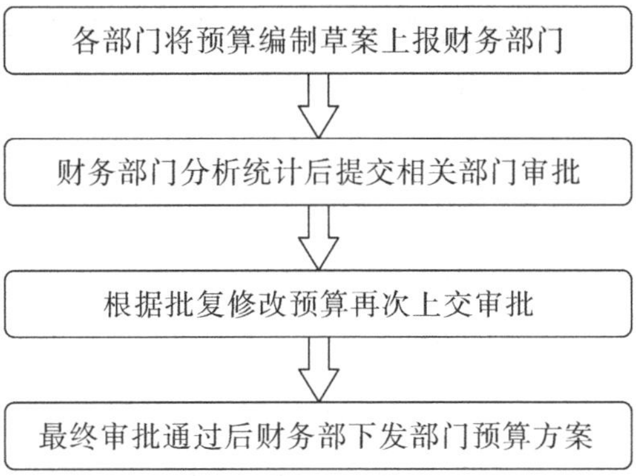

图 5-1　预算编制流程

（二）会计核算系统的现状

当前，众多高校在信息化建设的步伐上略显滞后，尚未成功部署网上报账功能，仍旧沿袭着传统的线上报账操作模式。报销申请人需登录至财务报账系统界面，根据实际需求选定相应的业务类别，并详尽地录入诸如发票数量、具体金额等关键信息。若采用公务卡作为支付方式，还需额外录入相关的付款细节。信息录入完毕后，报销申请人需对系统所

生成的网上预约报销单进行确认，并打印输出。此份预约报销单须经由单位或项目主管人员签字核准，对于涉及大额资金支出的报销申请，可能还需获得校领导或财务处处长的审批签字。随后，报销申请人需将纸质发票、公务卡刷卡凭条以及预约报销单一并提交至财务部门进行初步审核。对于选择电子支付方式的报销申请，需提前打印出支付凭证，以备现场审核之需。初审环节确认无误后，报销材料将通过分单系统被推送至负责二审的工作人员处。二审工作人员将对报销材料进行全面且细致的复核，一旦确认无误，即在系统中执行“确认复核”操作，并在纸质记账凭证上加盖审核印章。

值得注意的是，尽管当前的高校网上报账平台已涵盖了网上报账、财务查询及个人收入申报这三大核心功能模块，但在网上报账模块下，仅能处理纸质票据的报销业务，即便是电子票据，也需先行打印成纸质版后方能进行报销。换言之，网上报账模块目前仅设有一个二级模块，即纸质票据报销模块，如图 5-2 所示。

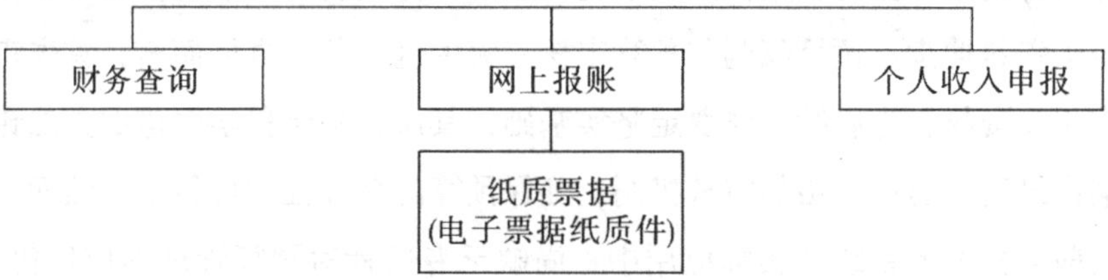

图 5-2　网上报账财务平台

（三）财务查询系统的现状

在高校财务管理体系中，财务查询系统所呈现的信息大多源自财务信息管理平台的核心部分——会计核算模块。当财务报销流程圆满结束后，系统会自动生成相应的记账凭证。紧接着，与这张记账凭证紧密相关的各类数据信息会被即时传递至特定的系统模块中，而与之相关联的补充信息则会遵循预设的时间表被定期上传至服务器。如此一来，用户只需登录财务查询系统，便能轻松查阅到这些信息。然而，值得注意的是，用户通过财务查询系统所能获取的内容并非毫无限制。具体而言，他们能够查询的主要是会计对报销单据审核的进展情况，以及个人的工资明细等相关信息。这些信息的获取，为用户提供了极大的便利，使他们能够实时了解自己的财务状况。为了更直观地展示财务查询系统的运作流程，我们绘制了流程图，如图 5-3 所示。该流程图详尽地描绘了从数据生成、传输到用户查询的每一个环节，为用户提供了清晰的操作指引。

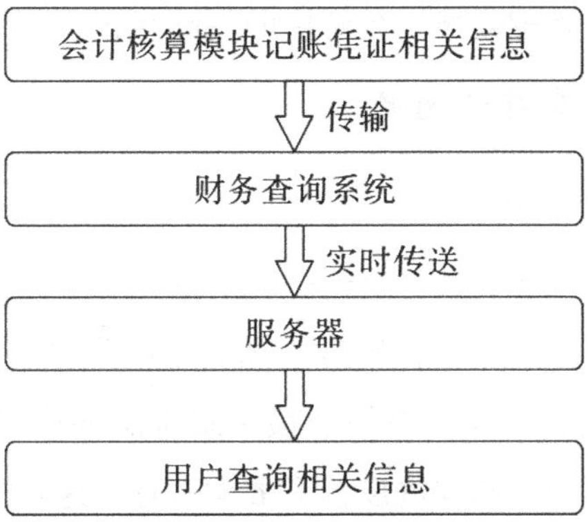

图 5-3　财务查询流程

三、高校财务管理信息化建设存在的问题

（一）预算信息化系统存在的问题

1. 传统工具效率低下

目前，高校财务管理正面临着传统管理工具所带来的效率低下这一严峻挑战。传统的预算编制方法所涵盖的信息量庞大且复杂，财务人员不得不投入大量的时间和精力进行烦琐的手工操作，这一现状直接导致了预算编制周期的延长，进而影响了财务管理的整体效率。尽管已有部分高校在预算编制过程中引入了信息技术，但遗憾的是，这些技术的应用仍然局限于一些基础性的办公软件层面。这些工具虽然在一定程度上减轻了财务人员的工作负担，但在实现预算的全面管理以及数据的深度统计与分析方面，仍显得力不从心。因此，如何进一步推进高校财务管理的信息化建设，提升预算编制的智能化水平，已成为当前亟待解决的重要课题。

2. 信息闭塞缺乏交流

在当前全球化背景下，确保信息的互联互通与高效共享变得愈发至关重要。然而，值得注意的是，预算管理系统、国库集中支付系统与会计核算系统之间，却存在着一定程度的信息壁垒与沟通不畅的问题。尽管预算管理、支付处理以及会计核算这三个核心模块在财务流程中紧密相连、互为支撑，但由于它们各自保持相对独立的状态，财务人员在实际操作中难以轻松跨越系统界限，便捷地访问并整合不同系统内的数据库资源。这一现状直接导致了预算管理流程中的一系列挑战：财务人员无法迅速且准确地执行预算，无法及时将相关数据上传至指定系统，同时也难以全面追踪并记录支出的实际进度。这一系列障碍不仅降低了财务管理的效率与精确度，也凸显出当前预算管理在信息共享层面的局限性。为了克服这些难题，往往需要依赖大量的人工后期操作来弥补系统间的信息断层，这不仅增加了工作量，也影响了财务管理的整体效能。因此，探索并实施更为高效的信息整合与共享机制，已成为当前财务管理领域亟待解决的关键问题。

（二）会计核算系统存在的问题

1. 纸质票据不能及时取得

当前，高校财务管理领域内，纸质票据的获取方式已然呈现出明显的滞后性，这一现状严重制约了财务工作的整体效率与流畅度。随着采购活动与服务交易模式的不断革新，纸质票据的获取途径变得愈发烦琐，往往依赖于邮寄服务或是需要相关人员亲自前往领取，这无疑给网上报销流程的顺畅推进设置了重重障碍。这一问题的凸显，不仅反映出传统财务管理模式在面对新时代挑战时的力不从心，更与当前信息化发展的蓬勃态势形成了鲜明对比。信息化的浪潮正以前所未有的速度席卷各行各业，而高校在财务管理领域却未能充分借助信息化的力量，将其在提升管理效率、优化业务流程等方面的巨大潜力发挥出来。纸质票据获取的不便，成了高校财务管理信息化进程的一大瓶颈，亟待通过创新手段与策略予以突破，以推动高校财务管理向更加高效、智能的方向发展。

2. 电子票据纸质化增大财务风险

近年来，电子票据凭借其即时性与低成本效益，在多个领域得到了广泛的推广与应用。然而，在高校财务管理的具体实践中，报销人员却仍需将电子票据转化为纸质形式进行提交，这一做法不仅背离了电子票据所倡导的无纸化核心理念，还导致了纸质资源的浪费，与环保节能的时代趋势背道而驰。

更为关键的是，报销人员在纸质化的电子票据上手写签字，承诺该票据仅用于一次报销，但这种传统的手写签名方式极易遭受篡改或伪造，从而为财务管理工作埋下了潜在的风险隐患。这种纸质与电子并存、传统与现代交织的矛盾状态，严重阻碍了财务管理全面实现电子化的步伐，使高校在推进财务工作现代化的道路上步履维艰。因此，如何有效破解这一难题，实现电子票据在高校财务管理中的无缝对接与高效应用，已成为当前亟待解决的关键性问题。

3. 报销业务处理效率低下

在高校报销业务的处理流程中，普遍存在着多环节签字审批的现象，这一现象严重制约了报销流程的整体效率。审批环节中，时常因相关负责人因公外出、参加会议等缘由无法及时在校，进而造成签字审批工作的滞后，整个报销流程被波及，不得不陷入漫长的等待之中。更为关键的是，当前报销流程中线上操作的缺失以及信息即时传递机制的匮乏，使高校财务人员深陷于烦琐的纸质工作与低效的信息沟通之中，难以从中抽身，进而严重阻碍了其适应新时代财务管理需求的能力提升。这一系列问题，无疑对高校财务管理的现代化进程构成了不小的挑战，使其在追求高效、智能的财务管理道路上步履维艰。

4. 缺少与支付系统的对接

在资金拨付的流程中，会计核算系统与财政支付系统之间的孤立状态，使出纳人员不得不承担起在两个系统间手动输入数据的繁重任务，这不仅极大地增加了他们的工作量，而且极易引发数据不一致的问题，给财务管理带来潜在的风险。此外，出纳人员在确定经费指标额度时，往往需要依赖个人的主观判断，这一过程中难免存在出错的可能性，因此，他们常常需要与会计人员反复沟通以进行确认，这无疑进一步降低了工作效率，延长了资金拨付的周期。为了解决这一问题，亟须探索并实现会计核算系统与财政支付系统之间的有效对接，以自动化、智能化的方式替代烦琐的手工操作，从而减轻出纳人员的工作负担，提升数据的一致性与准确性。同时，也应建立完善的经费指标额度管理机制，减少人为判断的主观性，提高资金拨付的决策效率，为高校的财务管理注入新的活力与效能。

（三）财务查询系统存在的问题

1. 信息内容少且沟通不畅

当前，校园财务查询系统在功能实现上存在着显著的信息内容缺失及沟通机制不畅的问题。这一问题的根源在于，财务查询系统与国库集中支付系统之间尚未建立起直接的数据交换通道，导致两者之间的信息流通存在壁垒。具体而言，由于这一数据对接的缺失，校园财务查询系统无法即时、全面地获取与各项款项直接相关的详细信息，进而影响了用户对于财务信息查询的全面性和准确性。为了提升校园财务查询系统的实用性和用户体验，亟须探索并实施有效的技术手段，以实现财务查询系统与国库集中支付系统之间的数据无缝对接。这一举措将极大消除信息孤岛现象，使财务信息能够实时、准确地呈现给用户，从而提升财务管理的透明度和效率。

2. 信息安全存在隐患

尽管财务查询系统通过实现财务数据的集中化管理，极大地提升了项目经费使用进度、借款状况及余额情况等资金流动信息的透明度与清晰度，然而，这一变革在带来便利的同时，也对信息安全构成了不容忽视的潜在威胁。目前，该系统赋予了高校内部广泛的访问权限，包括各院系部门的领导、专门的部门报账人员以及广大教职员工，均能够凭借相应的权限查询系统中的财务信息。这意味着，一个庞大的内部用户群体能够接触到敏感的财务数据，这无疑增加了信息泄露或被滥用的风险。为了有效应对这一挑战，确保财务信息安全，高校亟须采取一系列措施来加强财务查询系统的安全防护能力。例如，可以通过细化访问权限设置，实施更为严格的身份验证机制，以及定期对系统进行安全审计与漏洞排查等，来全面提升系统的信息安全防护水平。

（四）平台建设实施中存在的问题

1. 缺少计算机应用技术专业人才

当前，高校财务处在人员配置上主要侧重于会计、财务管理等传统财务专业领域的招聘，而对于计算机应用技术专业人才的需求却未能给予充分的重视。诚然，财会专业人员以其深厚的财务理论知识与丰富的实践经验，在高校的财务管理中发挥着举足轻重的作用。然而，在财务管理系统与软件的高效运行、维护以及优化升级方面，计算机专业技术人员的专业技能与知识则显得不可或缺。为了全面提升高校财务管理的信息化水平，确保财务管理系统与软件的稳定运行，并适应未来财务管理的智能化发展趋势，高校财务处应当积极调整招聘策略，加大对计算机应用技术专业人才的引进力度。通过构建多元化的专业团队，实现财务与信息技术的深度融合，为高校的财务管理注入新的活力与效能。

2. 缺少资金支持且硬件设备陈旧

构建财务管理信息化平台是一个资金密集型项目，其顺利实施离不开充足的资金。然而，当前众多高校普遍面临着资金短缺的严峻挑战，这无疑为平台的搭建增添了不小的难度。与此同时，财务服务器及硬件设施的陈旧落后，也成了制约财务管理信息化进程的关键因素之一。现有的服务器在数据存储能力上已捉襟见肘，难以应对大数据环境下海量数据的存储需求。更为严重的是，由于未能及时引进大容量、高性能的服务器设备，财务工作的正常开展已受到了直接且显著的影响，工作效率与质量均面临严峻考验。为了有效应对上述挑战，高校亟须拓宽资金来源渠道，加大资金投入力度，以确保财务管理信息化平台的顺利搭建与高效运行。同时，也应对现有的财务服务器及硬件设施进行全面升级与改造，引入先进的大容量服务器设备，以满足大数据环境下数据存储与处理的需求，为财务工作的顺利开展提供坚实的技术支撑。

第三节　高校财务管理信息化智能改进

一、高校财务管理信息化智能改进的需求

（一）再造会计核算流程

1. 业财融合，提升业务处理一体化能力

当前，高校所采用的会计账务处理软件，并未能从根本上颠覆传统手工会计的核算流程框架。在实际操作中，会计人员依旧沿袭传统模式，依据纸质原始凭证，手动将数据录入软件之中，进而编制记账凭证，并最终汇总生成总账与明细账。尽管高校已尝试将收费

管理系统与会计核算系统进行对接，以期实现学费收缴与会计核算的同步推进，但这一举措尚未触及传统核算流程的核心变革。展望未来，通过对系统进行深度的智能化改造，有望彻底颠覆传统的会计核算流程，推动业务与财务的一体化深度融合处理。这一变革将极大提升财务工作的效率与精准度，使会计人员能够从烦琐的手工录入与核算工作中解放出来，将更多精力投入数据的分析与决策支持等更具价值的工作中，从而推动高校财务管理水平的全面提升。

2. 合并业务流程，简化工作程序

当前，财务报账工作依旧沿袭手工操作的方式，这一模式不仅造成了业务流程的冗长烦琐，还导致了工作效率的低下。具体而言，报账人员需亲自前往财务部门，线下填写详尽的报销信息，随后，这些信息需经过审核人员的逐一手工录入财务管理信息系统中，再由复核人员进行二次核对与确认，以确保信息的准确无误。这一连串的操作步骤不仅耗时费力，还极易因人为因素引发错误。为了破解这一难题，对财务管理信息系统进行智能化改造显得尤为重要。智能化改造的核心在于，通过技术手段合并冗余的业务流程，简化烦琐的工作程序，从而提升财务报账的整体效率。具体而言，引入网上报账系统后，会计审核人员将无须再进行烦琐的手工录入工作。他们只需扫描报销单上独有的二维码，系统即可自动提取并识别报销信息，随后，财务账务系统便能根据这些实时获取的报销信息，自动生成准确无误的记账凭证。这一变革不仅将财务人员从繁重的手工操作中解放出来，还极大提升了财务报账的准确性与时效性。

（二）转变财务管理职能

1. 会计人员由核算会计向管理会计转型

当前，高校财务信息化的建设尚处于较低水平，这导致会计人员的工作重心主要聚焦于琐碎且基础性的账务处理环节，难以有效施展其应有的管理监督职能。现行的手工报账模式不仅烦琐，而且占据了会计人员大量的时间和精力，使他们深陷于审核与手工录入的繁重任务之中，难以在规定时间内顺利完成核算工作，进而影响了财务管理的整体效率与质量。为了扭转这一局面，对财务管理信息系统实施智能化改进显得尤为重要。通过智能化技术的引入，系统能够实现对报账信息的自动采集与识别，以及会计核算的自动化处理。这一改进将极大减轻会计人员的工作负担，使他们得以从烦琐的手工操作中解脱出来。更为关键的是，智能化改进后的系统能够自动生成准确无误的记账凭证，为会计人员的工作转型提供了有力支撑。他们将由传统的核算会计逐渐转变为管理会计，专注于更高层次的财务控制、分析与决策支持工作，从而为高校的财务管理注入新的活力与效能，推动财务管理水平迈向新的高度。

2. 使财务真正做到事前、事中、事后控制

当前，高校财务管理体系在事前、事中及事后控制环节均显现出明显的不足。具体而言，财务预算管理系统的缺失，使高校在财务活动开展前的规划与预测能力受限，进而导致了事前控制效率的低下。同时，预算数据与会计核算系统之间缺乏有效关联，这一现状严重阻碍了事中控制功能的充分发挥，使高校在财务活动执行过程中的监控与调整能力大打折扣。此外，财务决算工作在处理效率上的滞后，也进一步削弱了事后控制在财务管理中的重要性，难以实现对财务活动成果的全面审视与有效反馈。

针对上述问题，智能化改进方案的实施将显得尤为重要。通过构建完善的财务预算管理系统，并实现其与会计核算系统的无缝对接，高校将能够实现对财务活动从规划到执行再到总结的全链条智能化管理。这一改进不仅将极大提升事前控制的精准度与效率，还将有效增强事中控制的实时性与灵活性，同时，通过优化财务决算工作流程，也将显著提高事后控制的及时性与有效性。总体而言，智能化改进将使高校财务管理真正意义上实现事前、事中、事后的全面控制，从而推动整体管理水平的显著提升。

（三）整合财务数据，实现共享

1. 连接各系统，打破信息孤岛

当前，高校所采用的财务管理信息系统存在着各子系统间相互割裂、各自为政的显著问题，这一现状导致了信息孤岛现象的滋生与蔓延，严重制约了财务管理效能的发挥。为了打破这一困境，亟须对系统进行智能化改进，以实现各子系统间的有效整合与数据共享。

通过将预算管理系统与会计核算系统进行深度连接，可以实现对预算制定与执行情况的同步监控，确保预算的精准执行与动态调整。同时，将收费管理系统与会计核算系统实现无缝对接，能够确保学费收缴与核算工作的同步推进，提高收费的透明度与效率。此外，将会计核算系统与资产管理系统进行连接，可以实现固定资产卡片信息的实时互通，为资产的精准管理与合理配置提供有力支撑。这一系列智能化改进举措的实施，不仅极大地促进了财务数据在不同系统间的流通与共享，提高了数据的流动性与可用性，还有效地解决了信息孤岛问题，为高校的财务管理工作注入了新的活力与效能。通过实现各子系统间的协同运作与数据共享，高校的财务管理水平将得到显著提升，为高校的可持续发展奠定坚实基础。

2. 统一数据平台，信息交流无障碍

当前，高校已通过构建财务管理信息系统的连接网络，初步搭建起了一个局限于财务部门内部的数据共享平台，实现了财务数据在部门内部的流通与共享。然而，为了更深层

次地推动信息交流，构建一个覆盖全校范围、统一的数据共享平台显得尤为重要。这一平台将作为信息交流的枢纽，打破部门壁垒，促进各部门间的协同合作。为了实现这一目标，首要任务是对学生综合管理系统进行全面升级，以此作为突破口，打通学生综合管理各部门与财务部门之间的数据通道。通过这一升级，学生信息将能够在不同部门间实现顺畅传递与共享，为高校的整体管理提供有力支撑。展望未来，随着信息化改革的不断深入与推进，高校可借助先进的数据库技术，进一步推动财务部门与其他部门之间的无缝连接。这一举措将打破传统的信息孤岛现象，实现各类信息的无障碍交流与整合。在此基础上，财务数据将得到更为全面、深入的挖掘与利用，为高校的决策制定与管理优化提供更为精准、全面的信息支持。通过这一系列的努力，高校将真正实现信息的全面共享，推动管理效能的显著提升。

（四）利用信息技术提升财务水平

1. 消除传统手工作业，提升财务服务体验

当前，财务管理信息系统的运作中仍旧掺杂着大量的手工操作步骤，这一现状不仅制约了财务服务效率的提升，也严重影响了用户的使用体验。特别是在预算管理这一关键环节，手工搜集预算资料的烦琐流程成了效率提升的瓶颈。为了破解这一难题，对系统进行智能化改造显得尤为迫切。智能化改造后的系统，将能够彻底摒弃传统的手工搜集预算资料方式，转而采用更为高效、便捷的在线填报模式。预算单位主体仅需通过系统提供的在线平台，即可轻松完成预算信息的填报工作，并直接提交至审核环节，无须再经历烦琐的线下流程。这一变革不仅将大幅提高预算申报的便捷性与效率，更将显著提升用户的使用体验，为财务管理工作的全面优化奠定坚实基础。

2. 利用网络平台，提高财务透明度

在当前财务信息化建设的进程中，财务信息的公开程度尚显不足，难以充分满足科研项目负责人、报账师生等利益相关方对于实时查询需求的迫切期望。为了有效应对这一挑战，通过实施智能化改造并引入先进的网络平台，有望大幅提升财务管理的透明度与便捷性。

智能化改造后的财务管理系统，将借助网络平台的力量，为科研项目负责人等用户提供一个直观、高效的在线查询渠道。他们仅需通过网络查询平台，即可随时随地掌握所负责项目的预算执行进度、剩余额度等关键信息，无须再依赖于传统的线下查询方式。这一变革不仅极大地提升了科研项目负责人对科研经费使用情况的了解程度，更为他们提供了更加灵活、自主的财务管理手段，有助于促进科研项目的顺利进行与科研经费的高效利用。

二、高校财务管理信息化智能改进的方案

（一）预算管理模块的智能化改进措施

1. 预算管理纳入信息化管理，减少手工作业

鉴于高校预算管理模块在信息化建设方面的滞后，其预算管理效率尚处于较低水平，难以满足高效管理的需求。为了有效提升预算管理效能，我们提议采纳并实施一套健全的预算管理系统，以此推动预算管理活动的全面信息化升级。该系统将通过网络预算申报平台，实现预算数据在数据服务器中的集中存储与高效管理，从而构建一个统一、集中的数据管理环境。

在这一数据管理框架下，财务处的预算管理人员将能够便捷地通过登录预算管理系统，利用数据交互查询功能，实时访问并获取各预算部门所提交的详尽预算数据。这一实时的数据共享与交互机制，不仅极大地提升了信息的时效性与精确性，更为预算管理决策提供了更加稳固、可靠的数据基础，有助于增强决策的科学性与合理性。

通过引入并实施此类信息化预算管理系统，高校将能够充分利用现代科技手段，对预算管理流程进行深度优化与重构，进而实现工作效率的显著提升。同时，该系统还能够为预算管理决策提供更为详尽、全面的数据支撑，有力推动高校的财务管理水平向更高层次迈进。图 5-4 详细展示了网络预算申报的具体流程图，清晰地描绘了预算申报的各个环节与流程，为系统的实际操作提供了直观的指导。

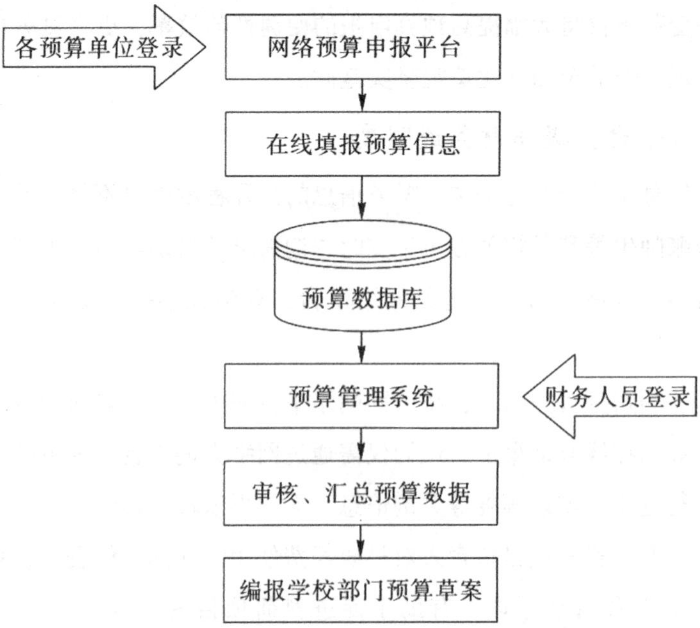

图 5-4　网络预算申报流程

2. 连接会计核算系统，实时监控预算执行效果

鉴于会计核算系统自身功能的局限性，难以实现对预算执行效果的即时反馈与有效监控，因此，我们提议将预算管理系统与会计核算系统进行深度整合，构建数据同步共享的机制。这一整合将使预算执行情况能够实时同步至会计核算系统，进而实现对预算执行动态的即时监控与精准掌握，如图5-5所示。这一创新性的整合方案，旨在提升预算管理的透明度与效率，确保预算执行过程能够得到全面、准确的监控与评估。

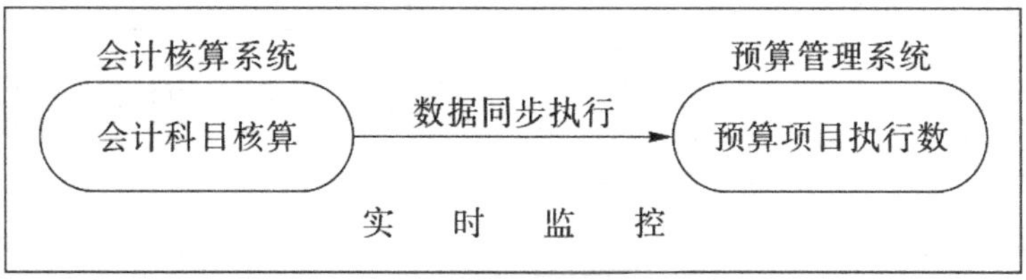

图5-5　预算数据同步执行示意

（二）会计核算模块的智能化改进措施

1. 引入网上报账系统，提高财务报账效率

鉴于高校教职工编制总量的严格限制以及新增财务人员所面临的种种困难，高校财务工作在提升报账效率方面遭遇了前所未有的挑战，难以与日益增长的财务需求保持同步。为了有效应对这一难题，引入网上报销系统已成为推动财务管理创新的关键路径。该系统历经多次迭代与优化，其发展历程从最初的在线预约填报与现场审核模式起步，逐步融入了智能排队叫号系统，进而演化为更为高效的投递式网上报账系统。在这一演进过程中，网上报销系统不仅极大地简化了报销流程，还显著提升了报账的便捷性与效率。通过在线预约填报，教职工能够轻松完成报销信息的初步录入；而智能排队叫号系统的引入，则有效缓解了现场审核环节的压力，确保了报销流程的顺畅进行；投递式网上报账系统的实施，更是将报销流程推向了全新的高度，实现了报销材料的电子化提交与审核，进一步缩短了报销周期，提升了整体财务工作的效能。

如图5-6所详尽展示，在实施投递式网上报账系统后，报账师生仅需登录网上报账平台，遵循系统所设定的流程，逐一填写相关财务信息。完成信息录入后，系统将自动生成报销单，报账师生需将其打印出来，并附上发票等相关证明材料，经由负责人审核签字后，一并投递至计划财务处的指定接单区域，标志着财务报销的投递流程圆满结束。在此过程中，报账师生无须亲临财务处进行现场等待，仅需静候财务处工作人员的后续审核通知，即可完成整个报销流程。财务处接单人员将定期对投递箱中的报销单据进行归纳整理，通过扫描报销单上的专属二维码，系统将自动捕获并解析报账信息，随后与原始单据进行逐一比对，以核实其一致性。一旦审核确认无误，财务账务系统将即时调用报销师生

所填写的项目详情、报销金额、收款账户信息以及所附单据数量等核心数据，实时生成精确的记账凭证，彻底摒弃了传统的手工录入方式。这一变革不仅大幅提升了财务账务处理的效率，更为高校的财务管理工作注入了新的活力与效能。

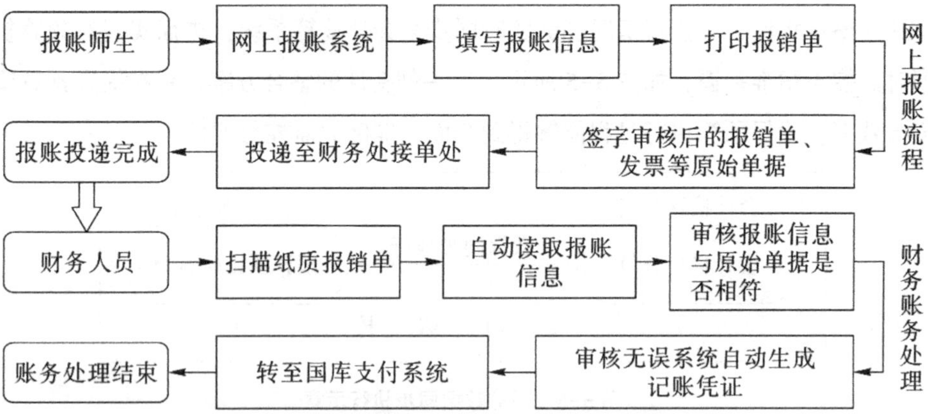

图 5-6　投递式网上报账系统报账流程及账务处理

下面以报销办公用品费为例，对改进后的报账业务流程进行阐述，如图 5-7 所示。

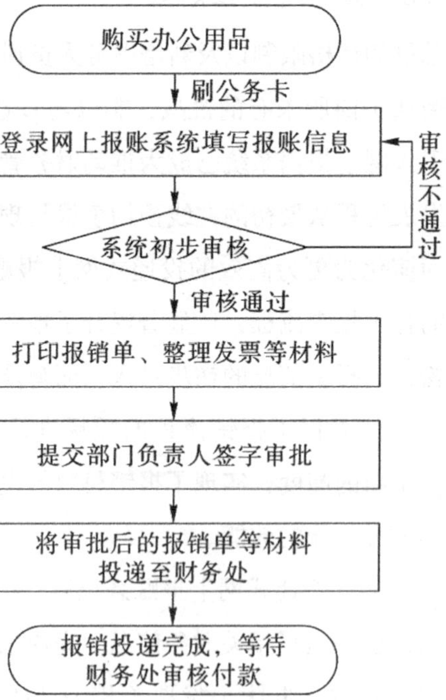

图 5-7　网上报账系统模式下报账业务流程

2. 对接财政支付系统，提升支付效率

为了进一步优化支付流程并提升效率，实现会计核算系统与财政支付系统的无缝对接显得尤为重要。具体而言，需要在会计核算系统中预设与财政支付系统相匹配的项目标识码（项目码），以此作为桥梁，将两大系统紧密相连。在实际支付与核算环节，会计核算系统将自动展示与财政额度一一对应的项目码，为出纳人员提供了清晰、直观的额度指标选择依据。出纳人员可以依据项目码精确选取相应的额度指标，从而有效规避因选择不当而引发的支付效率低下问题，确保支付流程的顺畅与高效。

下面仍以报销办公用品费为例，对改进后的支付流程进行阐述，如图 5-8 所示。

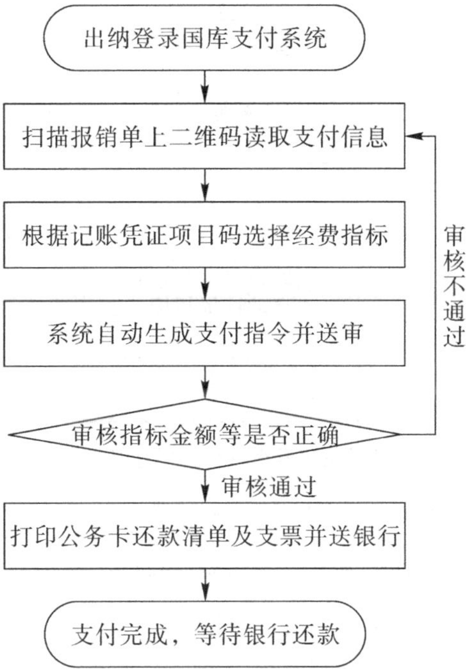

图 5-8　改进后的国库支付流程

3. 连接资产管理系统，实现数据共享

当前，会计核算系统与资产管理系统之间尚存在连接不畅的问题，这直接导致了固定资产卡片信息的孤立状态，无法在两个系统间实现共享。由此，会计人员在月末进行固定资产折旧计提时，面临无法直接获取相关数据的困境，这无疑对固定资产折旧计提的准确性和效率构成了不利影响。为了从根本上解决这一问题，我们提议在会计核算系统与资产管理系统之间新增一个数据接口，以此作为桥梁，实现两大系统之间的无缝连接。这一连接将使会计核算系统能够直接调取资产管理系统中的固定资产数据，并自动进行折旧费用的计提，从而彻底打破了信息孤岛，实现了数据的实时共享与利用（如图 5-9 所示）。在成功实现系统连接后，会计核算系统与资产管理系统之间的数据壁垒将被彻底打破，数据共享将成为可能。这不仅将大幅提升会计核算的效率，使会计人员能够更加便捷、准确地完成固定资产折旧计提等工作，同时也将进一步优化国有资产的管理流程，确保其数据的准确性和完整性，为高校的资产管理和财务决策提供更为可靠、有力的支持。

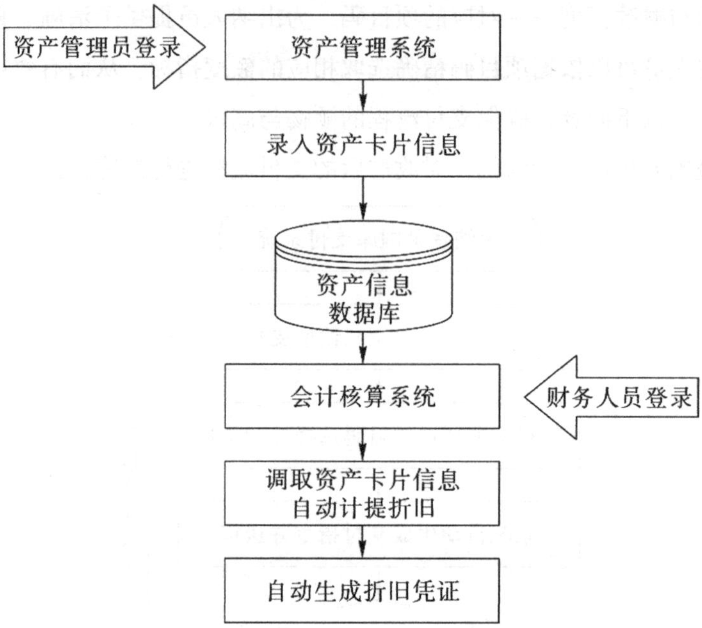

图 5-9　连接资产管理系统后固定资产折旧示意

4. 建立科研经费管理系统，提高科研经费

针对高校当前科研经费管理效率低下的问题，我们注意到尚未构建一套完善的科研经费管理系统，这直接导致了科研经费的支出与预算之间缺乏有效的系统对接机制，进而使经费支出的进度无法得到实时的监控与管理。为了有效应对这一挑战，我们强烈建议尽快建立一套科研经费管理系统，并将其与现有的会计核算系统进行深度对接，以实现数据的实时同步与共享。在此基础上，我们进一步提议将科研经费管理系统与网上报账系统进行关联，通过这一创新性的连接方式，网上报账系统将成为科研经费支出的重要控制手段，确保每一笔支出都在预算范围内得到有效管理。报销人员仅需登录系统，即可轻松查询所负责项目经费的支出进度以及剩余额度，从而实现对经费支出的全方位、实时监控。这一科研经费管理系统的建立，不仅将显著提升科研经费的管理效率，确保每一分钱都用在刀刃上，更将为高校的科研管理工作提供更为精确、全面的数据支持，有力推动高校科研事业的蓬勃发展。

（三）收费管理模块的智能化改进措施

1. 开通网上收费渠道，提高收费效率

针对现场集中收费方式存在的效率低下问题，我们提出了一种创新的解决方案：构建学生网络缴费平台，并开辟网上收费的新途径，以弥补现有收费模式的不足，具体流程如图 5-10 所示。该平台通过与学生收费管理系统实现无缝对接，确保了两者之间数据的即时交流与同步。更进一步地，通过与学生收费管理系统相连，该平台能够接入银行收款系

统，从而实现了学费缴纳的网络化处理。这一举措不仅极大地提升了收费效率，还为学生提供了更为便捷、高效的缴费方式，有效缓解了现场收费的压力，优化了整体的收费流程（如图 5-11 所示）。

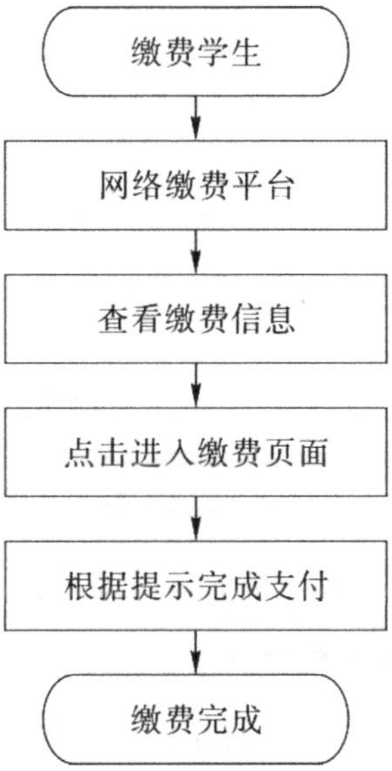

图 5-10　网络缴费平台缴费流程

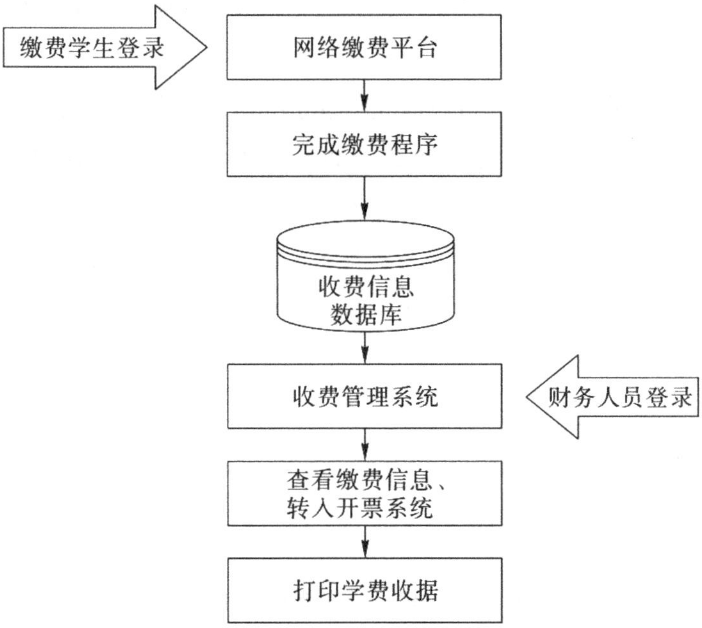

图 5-11　网络缴费平台收费数据流传示意

随着财政电子票据管理以及非税收入收缴体系一体化改革的不断深化，财政非税收入收缴的统一支付平台已经正式上线运行。这一平台不仅极大地便利了非税收入的收缴流程，还为学生提供了更加便捷的学杂费缴纳途径。具体而言，学生现在可以通过财政非税收入收缴系统来完成学杂费的支付。在完成缴费操作后，学生还可以自主访问财政厅的官方网站，并进入非税收入收缴的专属门户网站，以便对缴费后生成的电子票据进行便捷的查验与打印操作。整个通过财政非税收入收缴系统进行缴费的流程如图 5-12 所示，为学生提供了清晰、高效的缴费体验。

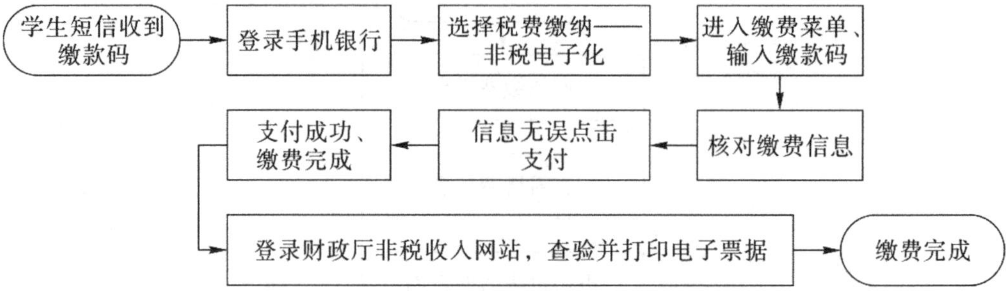

图 5-12 财政非税收入收缴系统手机银行缴费流程

2. 连接银行代扣系统，提高学费批量代扣效率

当前收费管理系统与银行代扣系统之间缺乏必要的数据接口以实现有效对接，这一现状导致了一个显著问题：银行在完成批量代扣代缴学费的操作后，其收费数据无法被直接导入财务处的收费管理系统中，进而造成了数据共享的障碍。为了更新收费管理系统中的数据，财务人员不得不采取手工录入的方式，这一流程不仅烦琐，而且极大地降低了工作效率。

为了解决这一瓶颈问题，亟须建立收费管理系统与银行代扣系统之间的连接机制。一旦这一连接得以建立，每当银行执行代扣业务时，其收费数据将能够实时、自动地传递至财务处的收费管理系统中。通过这种方式，收费管理系统将能够基于数据共享的原则，实现数据的即时更新。这样一来，财务人员将能够随时、便捷地掌握学生的学费缴交情况，从而极大地提升工作效率和管理效能。整个数据传递与更新的流程如图 5-13 所示，清晰地展示了这一解决方案的实施效果。

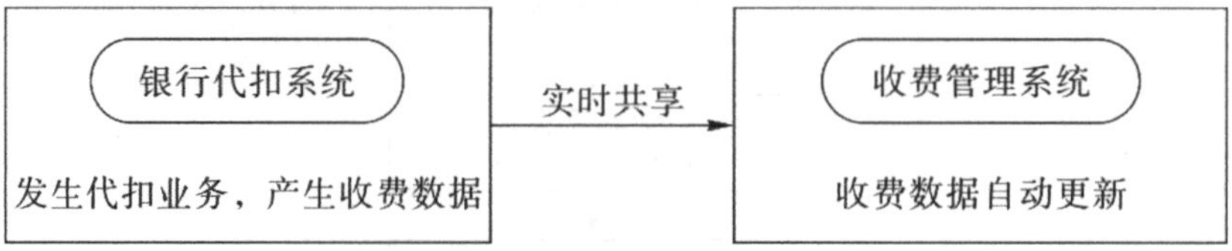

图 5-13 优化后收费数据传导模式

3. 连接会计核算系统，同步核算学费

为了进一步优化学费核算的流程并提升整体效率，有必要将收费管理系统与会计核算系统进行深度对接。具体而言，需要在收费管理系统中预先设定收费项目与会计科目的精准对应关系，以此作为桥梁，实现两大系统之间的无缝连接。当收费业务发生时，相关的

收费数据将能够迅速传递至会计核算系统的凭证接口，并基于预设的对应关系自动生成会计凭证，从而确保了学费的收缴与核算能够同步进行，大大提升了工作效率。这一自动化核算流程的实施，不仅显著减轻了会计人员的工作负担，使他们能够将更多的精力投入凭证的审核工作中，提高了工作质量，还实现了财务业务流程的有效整合，有效节省了人力资源。更重要的是，通过系统的自动对接，我们避免了因手工统计操作而可能产生的误差，从而确保了学费核算的准确性。总体而言，这一系统连接方案不仅极大地提升了学费核算的效率，还有效保障了核算的准确性，使学费管理工作更加智能化、可靠化。这一创新性的解决方案如图 5-14 所示，无疑为高校的学费管理带来了全新的变革，推动了学费管理工作的持续优化与升级。

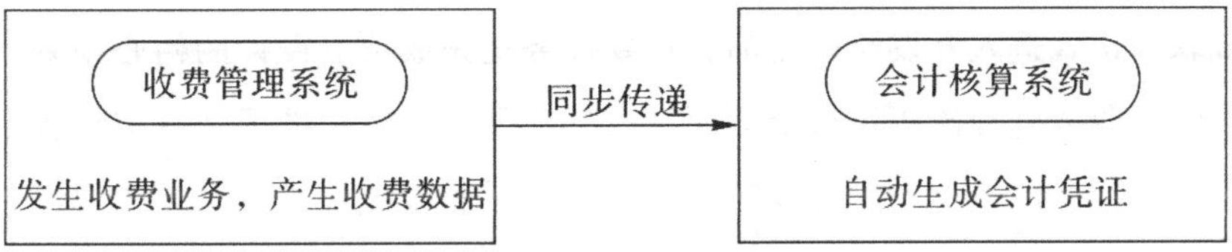

图 5-14　系统优化后学费核算流程

4. 优化学生综合管理系统，打破信息交流障碍

为了进一步提升学费收费工作的整体效率，有必要对学生综合管理系统进行全面的优化与升级，以有效解决当前系统中存在的不足之处。在这一过程中，特别要关注学籍管理系统与财务处学生收费管理系统之间的信息同步问题。通过此次优化，当学生学籍信息发生任何变更时，这些变更将能够实时、自动地同步至财务处的学生收费管理系统中，从而确保学费标准能够得到及时的更新与调整。这一改进措施的实施，不仅有效避免了因信息滞后或不同步而导致的收费错误问题，还显著提升了学费收费工作的效率。更重要的是，它促进了学籍管理系统与收费管理系统之间信息交流的流畅性，使两个系统能够更加紧密地协同工作，共同为高校的财务管理工作提供有力支持。总体而言，此次对学生综合管理系统的优化升级，不仅解决了现有系统中的漏洞与不足，还极大地提升了财务收费工作的效率与信息交流的通畅性，为高校的学费管理工作注入了新的活力与动力。

三、高校财务管理信息化智能改进的保障

（一）配备高性能的软硬件设施

对高校现有财务管理信息系统进行智能化改进需要配备高性能的软硬件设施来提供保障。

1. 硬件设施方面

为了达成财务管理信息系统内各子系统间的数据互联互通目标，首要任务是构建一个

具备大容量且高性能的数据库服务器架构，该架构需足以支撑起财务信息的全面采集、安全存储以及高效共享。具体而言，一方面，报账人员可利用网上报账平台详尽录入相关财务信息，而这些关键数据则会被妥善保存在数据库服务器之中。另一方面，会计审核人员能够凭借扫描报销单据上的二维码技术，迅速读取并捕获这些数据，随后，这些数据会被即时传送至会计核算系统，由系统进行自动化的核算处理流程。进一步地，为了充分满足各软件系统高效稳定运行的严格要求，还需要配备高性能的电脑计算设备，以此大幅提升数据处理的速率，确保整个财务管理信息系统能够流畅、准确地执行各项任务。这一系列的优化措施，不仅增强了数据互通的能力，还显著提高了财务管理的效率与精确度。

2. 系统软件方面

在系统软件正式进入开发阶段之前，首要任务是完成顶层设计的精心规划。这要求对现有的各项财务业务处理流程进行全面而细致的梳理，旨在精准识别并定位各个业务信息的关键节点。随后，需依据科学合理的原则，对财务业务流程进行必要的重组与优化。在此基础上，应依据数据信息共享的实际需求，精心设计数据接口，以确保财务信息系统内部各组成部分之间能够实现数据的无缝互通与高效互联。图 5-15 直观地展示了财务管理信息系统内部各子系统之间的数据关联关系，为我们提供了清晰而直观的参考依据。

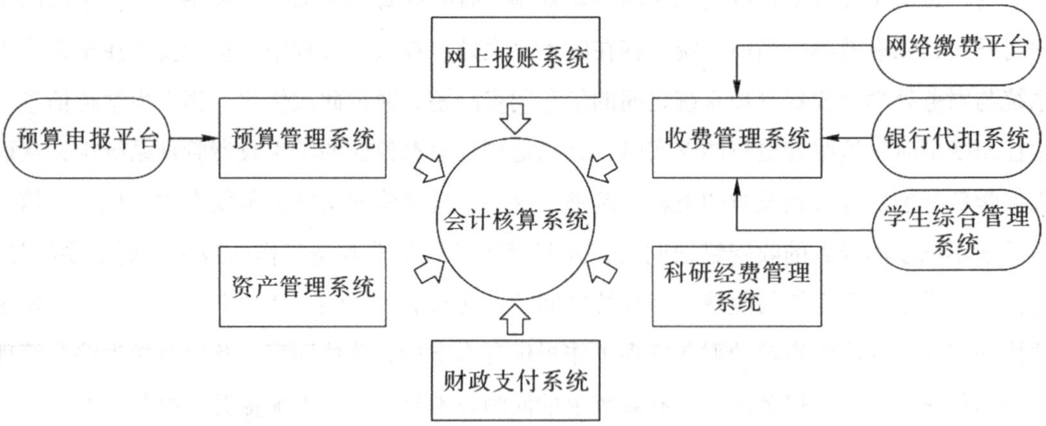

图 5-15 财务信息系统各子系统之间数据关联示意

（二）防控财务信息系统安全风险

1. 数据存储备份方面

在财务管理信息系统的日常运维中，确保软硬件设施的定期升级与更新构成了系统稳健运行不可或缺的基石。针对数据存储与备份这一关键环节，应实施定期且周密的数据库服务器备份策略，通过采用多样化的存储介质来完成备份工作，此举旨在显著提升数据备份的可靠性与冗余度。此外，对于已备份的存储介质，必须实施严格的管理与保护措施，采取一系列行之有效的手段来防范其遭受损坏或遗失的风险，从而确保在系统突发故障或数据不慎丢失的紧急情况下，能够迅速且准确地恢复数据，保障财务管理信息系统的持续稳定运行。

2. 网络安全风险方面

针对潜在的网络安全风险，亟须构建一套全面而严密的防病毒体系，该体系应涵盖定期执行病毒查杀任务，并及时更新病毒库，以确保系统能够抵御最新病毒的侵袭，从而保障其安全无虞。此外，还应部署网络安全监测系统，并采纳防火墙等安全隔离手段，这些措施将共同构筑起一道坚固的防线，有效抵御系统可能遭受的恶意攻击。为了进一步增强系统的安全性，应严格限制财务系统的访问范围，确保其仅能在内部网络中运行，同时对内外网的访问权限进行严格的设定与控制。在此基础上，还应加强对系统管理员密码的安全管理，通过实施加密认证机制，确保密码的存储与传输过程中的安全性，以防止密码被非法窃取。为了实现对财务数据的全方位保护，还应部署实时监控系统，该系统能够实时监控数据的状态与流向，及时发现并预警任何异常行为，从而有效预防数据的泄露与篡改。通过这些综合性的安全措施，将能够确保网络环境的安全稳定运行，为财务系统的顺畅运行提供坚实保障。

3. 财务内部控制方面

在构建财务内部控制框架的过程中，应当依据财务系统的独特属性，精心设计并构建一套全新的内部控制体系，旨在清晰界定并明确划分各个财务岗位的职责范畴。这一体系的构建，需全面涵盖财务人员的具体分工与相应职责、系统的高效使用与妥善维护、数据的严谨存储与定期备份等多个核心环节，以确保所制定的内部控制制度能够科学、合理地约束并引导财务工作人员的行为。通过实施这一精心设计的内部控制体系，将能够进一步强化对财务工作流程的全面监督与管理。这一举措不仅能够显著提升财务信息的处理效率，还能够确保财务数据的准确性与可靠性得到实质性的增强。具体而言，该体系将促使财务工作人员在日常工作中严格遵守既定的规章制度，从而有效避免人为失误或不当行为的发生，为财务工作的稳健运行提供坚实的制度保障。

4. 应急预案管理方面

构建财务信息安全应急响应团队，是高效应对各类紧急情况的关键举措。该团队的核心职责在于，精心制订并持续优化系统安全应急响应预案，预案中需详尽阐述处理突发性财务信息安全事件的标准化流程，并清晰界定各关键节点的责任归属。一旦系统运行出现异常状况或面临安全威胁，相关责任人需立即向应急响应团队进行详尽报告，以确保问题能够得到及时且有效的处置，从而将潜在的损失降至最低。应急响应团队的组建，显著提升了对紧急情况的响应效率，使我们能够更加迅速且准确地识别并解决问题。这一机制的确立，不仅强化了系统的安全防护能力，还极大地增强了系统在面对各类突发状况时的稳定性与可靠性，为财务信息的完整性与保密性提供了更为坚实的保障。

（三）培养高素质的复合型信息化人才

推进高校财务管理信息系统的智能化升级，关键在于依托一支具备卓越能力的复合型信息化人才队伍。在系统架构的初步规划与设计阶段，设计者不仅需对财务业务流程拥有深刻而全面的理解，还需精通计算机信息技术领域的专业知识，以确保所设计的系统既科学又高效，能够满足财务管理的实际需求。进入系统的实际运用阶段，对操作者的专业技能同样提出了高要求。操作者需熟练掌握系统的各项功能，能够灵活高效地运用系统进行日常操作。与此同时，财务部门的工作人员也需积极学习并掌握新的财务业务流程以及系统相关的专业知识，这一举措对于充分发挥系统的智能化优势至关重要。唯有如此，才能确保财务管理信息系统在实际运用中能够展现出最高的智能化水平，为高校的财务管理工作提供强有力的支持。

（四）加大对财务信息系统改造的财力

推进财务管理信息系统的智能化改进是一个资金密集型项目，它要求大量的资本投入作为支撑。面对有限的资金预算约束，财务部门需积极争取高校领导层的坚定支持。为此，财务部门需全面而深入地剖析智能化改进的必要性与预期效益，并据此精心编制一份详尽的预算规划方案。在此基础上，通过精心撰写可行性分析报告，向高校领导层直观展现财务信息系统改造项目的技术可行性与实施潜力，以期获得领导层的充分认可与支持。

为确保系统改造后的平稳运行，财务部门还需将运行维护费用科学合理地纳入年度财务预算之中，并严格执行专款专用的原则。为此，财务部门负责人须与高校领导层进行深入且充分的沟通，使其深刻认识到财务信息化改造的重大意义与深远影响，从而在财务预算中为智能化改进项目预留充足的资金支持。通过这些综合措施的有效实施，财务部门将能够成功争取到改造项目所需的充足财力资源，为项目的顺利推进与长期稳定运行奠定坚实的物质基础。

第六章　高校财务管理工作的创新

为了推动高校财务管理效能的显著提升，进而助力高校事业的蓬勃发展，亟须制定并实施一系列具有针对性的策略。首要任务是加大财务信息化系统的建设力度，致力于提升数据处理的效率与质量，确保财务信息的准确性与时效性。与此同时，应积极构建网络预算平台，以此作为优化预算管理流程的重要抓手，实现预算管理的精细化与透明化。在此基础上，大力推广网上报销系统的应用，通过数字化手段简化报账流程，减轻财务人员的操作负担，提升报销工作的便捷性与高效性。此外，针对科研经费的管理，应专门建立科研经费管理系统，实现对科研支出的全面、精准掌控，确保科研资金的有效利用与合规管理。这一系列举措的实施，不仅能够显著提升财务管理的整体水平，增强高校的财务管控能力，还将在很大程度上推动高校事业的持续健康发展，为高校的长远发展奠定坚实的财务基础。

第一节　高校财务管理工作模式的创新

一、高校财务管理模式创新思路

（一）高校财务管理模式创新的基本原则

1. 必须坚持“宏观主控，微观适调”的原则

在确立财务管理模式的过程中，应当坚守“宏观主控，微观适调”的基本原则。这是因为，在分级管理的框架下，高校内部的各个单位并非游离于高校财务管理部门之外的、各自为政的独立实体，而是在高校总体宏观调控之下的、实行分权与分级管理的组织单元。因此，在高校整体财务运作的流程中，宏观管理始终占据核心地位，发挥着对分级管理的引领与约束作用。宏观管理不仅为分级管理提供了方向性的指导，还确保了分级管理在既定框架内的有序运行，从而实现了高校财务管理的全局优化与协调统一。

2. 必须处理好责、权、利的关系

构建高校财务管理模式的核心挑战在于妥善平衡高校层面的集权与分权关系，旨在实现高校领导层统一指导与基层单位自主运作的和谐融合。具体而言，需将高校领导层的整

体战略导向与基层单位的相对独立性紧密结合，以确保资金既能在宏观层面得到高效配置与利用，又能赋予基层单位适度的财务自主权。这一策略旨在促使基层单位在承担相应经济责任的同时，激发其生财与理财的积极性，从而充分调动高校与基层两个层面的活力与动力。通过这样的机制设计，旨在促进高校财务资源的优化配置，提升财务管理效能，为高校的持续发展奠定坚实的财务基础。

3. 必须与市场经济大环境相适应

伴随着社会主义市场经济体制的日益成熟与深化，高校的资金筹措格局发生了根本性变革，打破了以往对政府或主管部门单一依赖的传统收入模式，转而呈现出资金来源渠道多元化、资金需求规模持续扩大的新态势。鉴于此，高校的财务管理模式亟待调整以适应这一全新变化。具体而言，需将市场理念深度融入财务管理实践之中，遵循价值规律与市场导向，科学调控高校发展过程中人力、财力、物力等关键资源的供需平衡，确保高校的资源配置与市场经济的发展步伐相契合，从而推动高校在市场经济的大潮中稳步前行，实现可持续发展。

4. 必须与高校自身的管理体系、发展模式相适应

高校管理工作中，财务管理占据着举足轻重的地位，因此，构建与之相匹配的财务管理模式显得尤为重要。这一模式不仅需与高校的整体管理体系相契合，还需紧密贴合高校的改革步伐与发展蓝图。在选择财务管理的方式与方法时，应全面考量高校的办学规模、教学运行及管理模式、财务实力，乃至其历史沿革与独特背景，力求打造出一套既具特色又科学合理的财务管理体系，该体系需能够精准适应本校的实际发展需求。此财务管理模式的构建，旨在为高校的改革进程与发展规划提供坚实的财务支撑，同时，也要全方位服务于高校的教学活动与科研探索，确保两者在资金与资源上的需求得到充分满足。唯有如此，方能有力推动高校在教育、科研、管理等多个维度上的全面进步，促进高校各项事业的蓬勃发展。

（二）高校财务管理模式创新的基本思路

1. 建立高校新的管理体制

（1）重塑高等教育格局，推动多元化办学体制的形成。首要任务是打破高等教育领域的垄断现状，进一步放宽市场准入条件，推动形成三足鼎立的多元化办学体制。在此基础上，需确保国有高校与民办高校享有同等的待遇与权益。同时，依据世界贸易组织的相关规定，对现行法律政策进行修订与完善，积极引进外资参与办学，或鼓励国内顶尖学府走出国门，在海外设立分校，以此拓宽国内外教育市场，促进教育资源的优化配置。

（2）优化政府管理职能，强化高校法人主体地位。政府应致力于构建有利于高等教育

发展的制度框架与法律环境，完善教育市场的竞争规则，为高等教育事业的繁荣提供坚实的制度保障。同时，要实现高校的自主办学，不仅需政府减少不必要的行政干预，更需高校自身具备强烈的法人意识。因此，高校内部管理体系的建立应着眼于适应市场竞争的现代管理制度，以应对市场经济与国际竞争日益加剧的外部环境。

（3）强化高校自我约束机制，激发自主办学内在动力。构建并完善高校的自我约束机制，是调动高校自主办学内在自律性的关键所在。相较于外部的行政监管，这种源自内部的自我约束更为有效且持久。因此，在坚持高校自主办学原则的基础上，应进一步健全和完善自我约束的管理机制，使高校能够按照市场经济的要求和社会经济发展的需求，形成自我约束、自我发展的办学实体，推动高等教育事业的持续健康发展。

2. 建立高校新的组织结构模式

（1）在高校组织结构的设计与构建过程中，需将直线型管理模式与职能型管理模式有机融合。直线型管理模式的核心在于确保指挥链条的清晰统一及层级管理的有效实施，它侧重于构建一条从上至下的明确指挥路径，以保障决策的高效传达与执行。

（2）高校组织结构的优化与建设还需兼顾集权与分权的合理平衡。通常情况下，校长作为高校的最高管理者，需掌握对全局性、战略性以及长期性问题的决策权，以确保高校发展方向的准确性与稳定性。与此同时，各院系则应在校长适度授权的基础上，对本部门管辖范围内的教学活动及经费使用等具体事务进行自主管理，以此激发基层单位的活力与创造力，促进高校整体的健康发展。

二、高校财务管理模式的创新实践

（一）高校财务管理模式创新的组织保障

1. 加强财务管理组织机构建设

在当前“统一领导与分级管理相结合”的总体框架下，我国所有高校，无论规模大小，均采纳了一种更为先进、更为灵活的财务管理体制，即“统一领导下的分级管理，辅以集中核算、项目管控与绩效评估”的模式。这一体制不仅明确了各级管理层的权责界限，还极大地激发了管理活力，优化了管理机制，使其更加灵活多变。更重要的是，该体制能够更好地适应当前社会经济环境的变化与市场需求，展现出高度的科学性与实用性。通过集中核算，确保了财务数据的准确性与及时性；通过项目管控，实现了对各项财务活动的精细化管理；而通过绩效评估，则进一步提升了资金的使用效率与效果，为高校的持续健康发展提供了坚实的财务保障。

2. 收付实现与权责发生相结合

随着高等教育机构收入来源的多元化与支出结构的复杂化，以及教育成本管理核算要求的日益严格，权责发生制作为一种更为精细的会计确认原则，其应用显得越发必要。然而，鉴于高校运营的独特性与复杂性，会计核算基础的选择必须充分考量高校自身的特性，因此，全面推行权责发生制作为高校会计核算的唯一基础并不切实际。

鉴于此，我们提议高校在维持收付实现制作为主导会计核算原则的基础上，根据高校内部财务管理的实际需求与核算目标，灵活且适度地引入权责发生制，以弥补收付实现制在反映经济活动实质、提高会计信息质量等方面的不足。这一策略旨在通过结合两种会计确认原则的优势，构建一个既符合高校运营特点，又能满足内部管理需要的综合性会计核算体系，从而为高校财务决策提供更加全面、准确的财务信息。

（二）高校财务管理模式创新的制度保障

1. 完善全面预算管理制度

（1）为了增强预算的执行力与约束力，高校需进一步加大对预算执行情况的监督与管理力度。高校的内部预算管理体系应当与当前的财务管理体制紧密衔接，确保两者之间的协调性与一致性。预算管理的组织架构及其运行流程是确保预算得以有效执行、预算目标得以顺利实现的关键性组织保障。

（2）在校内各单位资金使用权与财务决策权保持独立的前提下，高校可设立会计结算中心，以集中化的方式对各单位的财务活动进行统一管理与协调。这一举措旨在提高财务管理的效率与质量，同时确保各单位的财务自主权不受影响。

（3）在预算的编制流程中，应注重提升预算的科学性与规范性。具体而言，需根据项目的紧急程度与可行性进行排序，优先安排那些急需且切实可行的项目。此外，还应实施专项项目的滚动预算，以确保预算的持续性与灵活性，从而更好地满足高校发展的需要。

2. 健全资产管理制度

（1）构建“综合性资产管理”体系，以全面统筹高校资产。

（2）深化制度构建，细化并实施更为严格的管理举措。

（3）对高校的资产管理和财务核算制度进行全面革新与优化。

（4）建立健全资产管理与财务管理之间的内部协同机制，确保两者高效对接。

（5）依托信息技术手段，实现资产管理的实时动态监测与控制功能，提升管理效能。

（三）高校财务管理模式创新的强化内部审计制度

1. 组织重视，制度健全

高校管理层需深刻领会内部审计工作在强化内部管理、推进党风廉政建设等诸多层面所发挥的关键作用与深远意义。唯有管理层给予充分重视，内部审计工作方能得以顺畅推进，其工作质量也才有可能实现显著提升。为此，亟须构建并完善一系列与内部审计相关的制度机制，这包括但不限于内部控制体系、内部审计报告机制、审计结果应用机制、审计工作评价机制以及审计人才培育机制等，以确保内部审计工作的规范性与高效性。同时，应全力支持内部审计机构及其专业人员依法依规履行其审计职责，不仅在政策上给予明确导向，更需在经费保障与工作条件上提供切实支持。对于在内部审计工作中表现突出、取得显著成绩的机构与个人，应给予充分的表彰与奖励，以此激励全体审计人员不断提升专业素养与工作热情，共同推动高校内部审计事业的蓬勃发展。

2. 合理设置，增强独立性

基于职责清晰界定与科学管理理念，应设立独立的审计机构，该机构需确保配备充足的专职审计人员编制，以满足审计工作之基本需求。在人员配置上，应严格筛选具备内部审计岗位资质的专业人士，以确保审计工作的专业性与严谨性。同时，根据审计工作的实际需求与任务量，可灵活聘请特约审计人员与兼职审计人员，以充实审计队伍力量，提升审计工作效率。在审计机构的组织架构设计中，还需充分考虑分管领导的岗位牵制作用，通过科学合理的岗位设置与职责划分，形成有效的权力制衡与监督机制，从而进一步增强审计工作的独立性与公正性。这一举措旨在从源头上保障审计工作的客观性与权威性，为高校内部审计事业的健康发展奠定坚实基础。

3. 加强内部审计队伍建设

高校内部审计的范畴广泛而复杂，这对审计人员的能力结构提出了多元化的要求。他们不仅需要具备扎实的财会专业知识，还必须掌握经济管理、计算机科学以及工程技术等多领域的知识体系。鉴于此，高校在内部审计队伍的建设上应采取双管齐下的策略。一方面，高校应积极选拔那些业务能力强、综合素质高的专业人才，将他们充实到审计岗位之中，以优化审计队伍的整体结构，提升审计工作的专业性与效率。另一方面，针对现有内审人员，高校应组织定期的培训与学习活动，通过系统的知识更新与技能提升，不断强化他们的业务能力，使他们能够更好地适应内部审计工作的新挑战与新要求。这一举措旨在构建一个既具备深厚专业知识，又拥有广泛技能储备的内部审计团队，为高校内部审计工作的顺利开展提供坚实的人才保障。

4. 积极沟通，确保内部审计结果客观

内部审计人员务必强化内部审计工作的纪律观念，确保审计过程的独立性与客观性不受侵害。当面临可能妨害审计独立性的工作任务时，应采取积极有效的应对策略，其中，沟通与汇报机制及职务分离原则的运用尤为关键。沟通与汇报机制要求内部审计人员在面对非审计职责范畴的任务时，及时且明确地与高校管理层进行沟通，阐明该任务不属于审计部门的职权范围，以此避免审计部门被不恰当地卷入非审计事务之中，从而维护审计工作的纯洁性与独立性。同时，通过职务分离原则的实施，确保审计人员的职责与其他部门的工作职责严格区分开来，进一步巩固审计工作的独立性基础。这一系列举措旨在构建一个严谨、高效的内部审计环境，为高校内部审计事业的健康发展提供有力保障。

5. 拓宽范围，充分发挥内审职能

高校内部审计的范畴远不止于财务收支的审核，其涵盖的内容广泛而深入。具体而言，它涉及学生费用的收取情况，预算的编制执行与决算结果的审查；同时，也包括对预算内及预算外资金的运用与管理效能的评估。此外，专项教育资金的筹集、分配、使用及其管理流程的合规性亦属审计范畴之内。固定资产的有效利用与管理状况，基建项目与修缮工程的实施情况及其经济效益，同样受到内部审计的关注。对于高校对外的投资项目，尤其是校办企业的投资活动，以及其内部控制制度的完善程度与执行效率，内部审计亦需进行深入的分析与评判。在此基础上，资金使用的风险管控与效益评估也是审计工作的重点之一。内部审计还需积极响应本部门、本单位主要负责人及上级主管部门交办的其他相关事项，确保审计工作的全面性与针对性，为高校的健康发展提供坚实的保障。

（四）高校财务管理模式创新的财务评价

1. 高校财务评价的体系

在对高校财务进行全面且精准的评价之前，首要任务是清晰界定其财务职能、确立明确的目标，并统一会计核算的标准。这一系列前置条件的满足，构成了对高校财务进行合理评估的坚实基础。在财务评价体系的架构中，财务风险评估与财务预警机制占据了举足轻重的地位。所谓高校财务风险，是指在高校日常运营活动中，因资金流动所潜藏的各种不确定性因素，这些因素可能对高校的财务状况产生不利影响。为了有效识别并防控这些风险，高校需依托经济管理科学中的技术经济分析原理，构建一套科学、系统的财务分析指标体系，即高校财务预警系统。该系统通过一系列精心设计的财务指标，实时监测高校的财务状况，预警潜在的财务风险，从而为高校管理层提供决策支持，确保高校的财务安全与稳健运行。

2. 高校财务绩效评价的原则

在构建高校财务绩效指标体系的过程中，我们提议遵循以下一系列指导原则以确保其有效性与实用性：一致性原则要求所有指标在定义与计算上保持统一，以便于数据的汇总与比较。整体性原则强调指标体系应全面覆盖高校财务活动的各个方面，以体现其综合财务状况。长远利益原则倡导在设定指标时考虑高校的长远发展目标，确保财务决策与战略规划的协同性。动态优化原则指出，随着外部环境与内部条件的变化，指标体系应适时调整与优化，以适应新的评估需求。可比较性原则要求指标设计需便于不同高校或同一高校不同时期的财务状况进行横向与纵向对比。科学性原则则强调指标体系应基于坚实的理论基础与实证数据，确保评估结果的客观性与准确性。可操作性原则确保所设计的指标易于采集、计算与分析，便于在实际工作中广泛应用。这些原则共同构成了高校财务绩效指标体系构建的核心框架，为高校财务管理提供了科学的指导与依据。

第二节　高校财务管理工作制度的建设与优化

一、高校财务管理制度构建的理论基础

（一）利益相关者理论

至20世纪末，利益相关者理论在企业管理领域得到了广泛采纳与应用，逐渐演变成为一种标准化的分析工具，用于鉴别并评估企业行为的广泛影响。该理论的核心理念在于，它促使高校必须重视并回应其利益相关者的需求与权益，旨在实现高校与利益相关者整体利益的最大化。在此框架下，对高校财务管理的理论与实践进行深入探究，不仅有助于我们更好地理解利益相关者的诉求如何影响高校的财务决策，而且为推动高校财务管理制度的革新与发展提供了强有力的理论支撑。利益相关者理论引导我们重新审视高校财务管理的目标、策略及实施路径，强调在财务管理过程中融入对利益相关者的考量，以确保高校的财务活动能够兼顾各方利益，促进高校的可持续发展。这一理论的引入，为高校财务管理领域带来了革命性的变化，推动了财务管理制度与实践的不断优化与升级。

（二）新公共管理理论

在20世纪末期，欧美国家提出了新公共管理理论，该理论的核心思想聚焦于以现代经济学为基石，推动政府及其他公共部门引入竞争机制，旨在通过这一途径提升服务品质，进而有效调和国家、企业以及个人之间的复杂关系，促进管理效能与服务质量的双重飞跃。尤为重要的是，该理论强调建立一套科学合理的绩效评估体系，而这一切的出发点与落脚点，均在于确保消费者的满意度成为衡量工作成效的关键指标。高校财务管理，作为公共行政领域不可或缺的一环，同样应当深刻汲取新公共管理理论的精髓。这意味着，高校财务管理不仅需高度重视服务质量的优化，更需积极协调各方力量，在财务管理的各个环节中发挥各自的优势与作用。通过借鉴新公共管理理论的理念与实践，高校可以进一步提升财务管理的效率与效果，确保财务管理的决策与实施更加贴合师生及社会各界的实际需求，从而在提升高校整体运营效能的同时，也为高等教育事业的持续发展注入新的活力。

二、新形势下高校财务管理制度建设的对策

（一）建立健全内控制度的监督评价机制

对财务管理制度进行审慎的审查与评估，旨在识别其在实际执行阶段可能潜藏的不合理之处，这一过程的严谨性对于确保管理计划的全面有效实施具有举足轻重的意义。监管体系的不断完善，为财务管理制度的顺利推行提供了坚实的保障。高校财务管理制度的构建是一个循序渐进的过程，其间若管理方法选择失当，极易导致财务管理陷入混乱无序的状态。因此，迅速构建起一套行之有效的监管体系显得尤为重要。这一体系需紧密联结各部门，确保信息的畅通无阻与资源的高效配置。一旦发现监管效能有所削弱，应立即启动部门间的协调机制，通过优化流程、强化沟通等手段，及时化解潜在问题，从而构建起具备强大财务风险抵御能力的监管网络。在此基础上，监管体系还需致力于推动管理计划在基层会计层面的深入落实。通过细化管理制度、加强培训指导、完善信息反馈机制等措施，确保财务管理制度能够真正扎根于基层，发挥其在提升财务管理效能、保障资金安全等方面的积极作用。

（二）科学制订预算计划

在构建内部控制体系的过程中，高校在致力于提升教育质量与办学能力的同时，也需确保拥有持久且稳定的经济收益来源，以此为基石，高校所规划的管理策略方能更加贴合现实需求，确保教育事业的稳健发展。面对新的时代背景与外部环境，高校在推进财务管理工作的革新时，应当智慧地汲取过往管理经验中的精华部分，同时对于那些已不适应当前形势的旧有做法进行必要的调整与优化。这一策略不仅能够显著节约时间成本，避免重复探索的弯路，更为管理计划的顺利启动与实施奠定了坚实的基础。通过细致入微地分析过往经验，结合当前的实际状况，高校可以更加精准地定位财务管理的关键节点，制定出更加科学、高效的管理策略，从而确保财务管理工作能够在新形势下发挥出最大的效能，为高校的持续发展提供坚实的财务支撑。

（三）加强基础财会工作监管

面对新的时代背景，财务管理制度的建设理念亟须实现根本性的革新与升级，这一过程要求对既有的管理理念进行深入的反思与全面的完善。唯有如此，才能确保最终构建出的管理制度能够紧密贴合高校财务系统的实际需求，从而在高校财务管理实践中得以有效落实与广泛应用。在这一过程中，不仅要关注制度本身的科学性、合理性与可操作性，更要注重其在实际应用中的适应性与灵活性，确保制度能够随着外部环境与内部条件的变化而不断调整与优化，以持续满足高校财务管理的多元化需求。这一系列的努力，旨在推动高校财务管理制度的不断完善与升级，为高校教育事业的持续健康发展提供坚实的财务保障。

三、高校财务管理制度优化措施

（一）构建完善的财务管理制度机制

为确保高校财务管理制度的法律法规得到切实贯彻与执行，高校应全面且深入地理解国家及政府部门最新发布的高校财务管理相关政策，同时积极与当地教育主管部门及财政部门建立密切联系，共同致力于完善与优化自身的财务管理体系。在此基础上，高校需立足于自身的实际情况与特色，量身定制一套既符合国家财政政策导向，又贴合本校实际需求的高校财务管理制度。这一过程要求高校不仅要对国家政策进行精准解读与积极响应，更要深入分析本校的财务状况、教育资源配置以及长远发展规划，以确保所制定的财务管理制度能够真正落地生根，有效促进国家财政政策的落实与高校财务管理的规范化、科学化。通过这一系列举措，高校将能够进一步提升财务管理效能，为教育事业的持续健康发展提供坚实的财务支撑。

（二）加强财务管理制度的落实

在着手构建高校财务管理制度之际，高校务必对制度的可执行性给予充分的考量。因为，若该财务管理制度无法得以切实有效推行，那么提升高校财务管理水平的初衷便难以实现。换言之，即便我们设计出完善的财务管理制度，如若缺乏强有力的执行保障，也终将沦为纸上谈兵，难以发挥其应有的效能。鉴于此，为了切实强化高校财务管理制度的执行力度，高校管理者需展现出卓越的管理智慧与资源配置能力。他们不仅要具备高瞻远瞩的战略眼光，能够精准地把握财务管理的核心要义，更要拥有将制度转化为实际行动的执行力，确保每一项管理措施都能够得到不折不扣的落实。通过管理者的精心布局与周密安排，高校财务管理制度方能得以顺利实施，进而为提升高校财务管理水平奠定坚实的基础。

（三）重视成本效益，健全会计核算机制以及相关报告体系

财务管理制度作为增强高校核心竞争力的核心要素之一，其重要性不言而喻。在财务资源的配置与利用过程中，对投入产出比的精细考量显得尤为重要。若经费的使用效率未能达到预期，导致资源无法得到有效且充分的利用，这往往会成为高校财务管理中的一大隐患。在此情境下，高校的财务管理能力将大打折扣，进而对其核心竞争力的构建与提升构成制约。因此，为了保障高校财务管理的稳健运行，我们必须对经费的使用进行严格的监督与管理，确保每一笔投入都能带来相应的产出，从而最大限度地提升资源的利用效率。唯有如此，高校才能在激烈的竞争中保持优势，不断提升自身的核心竞争力，为教育事业的蓬勃发展贡献更大的力量。

四、对优化高校财务管理制度的思考

从高校财务管理体制的演变历程中，我们可以清晰地洞察到，我国政府对于高校教育体制与管理制度的革新从未停歇，始终将教育事业的蓬勃发展置于国家振兴的战略高度。然而，步入新时期以来，社会经济环境的深刻变迁、政策导向的调整以及高校内部管理机制的尚未健全等诸多因素，共同构成了高校财务管理面临的一系列严峻挑战。为了积极应对这些挑战，确保高校能够在新的时代背景下实现可持续、健康的发展，并不断提升教学质量，高校迫切需要对财务管理制度进行革新与完善，以期增强自身的财务管理能力。这一过程不仅要求高校紧跟时代步伐，灵活调整财务管理策略，以适应外部环境的变化，更需深入剖析内部管理机制的不足，通过制度创新与流程优化，构建起一套科学、高效、适应新时期需求的财务管理体系。唯有如此，高校才能在激烈的市场竞争中立于不败之地，为国家的繁荣富强贡献更多的智慧与力量。

（一）拓宽筹资渠道，加强贷款管理

当财政拨款难以满足高校的资金需求时，高校通常会选择向银行贷款以弥补资金缺口。然而，这种巨额负债的做法不仅将高校推向了财务困境的深渊，引发了广泛的社会关注与热议，还导致了高校信用评级的持续下滑，对其声誉与形象造成了不可忽视的损害。更为严重的是，还贷压力如同沉重的枷锁，严重制约了高校的可持续发展能力。为了有效应对这一困境，高校应当秉持审慎的原则，合理规划贷款规模，避免盲目扩张与过度借贷。同时，高校还应积极拓宽筹资渠道，探索多元化的资金来源，如通过校友捐赠、社会资助、校企合作等方式，为高校的发展注入新的活力。此外，加强财务管理与内部控制，建立健全财务风险防范机制，也是高校防范财务风险、确保稳健发展的必由之路。通过这些举措的实施，高校才能在资金短缺的困境中寻求突破，实现自身的可持续发展。

（二）加强预算管理水平，提高预算执行能力

预算编制的流程实质上是对高校资源配置进行深度优化与调整的关键环节，它对于确保高校战略发展规划的精准落地具有举足轻重的作用。鉴于此，预算管理应当成为高校管理层高度重视的核心议题之一。高校应当致力于推行全方位的预算管理策略，将全校范围内的财务收支活动悉数纳入预算管理的范畴之内，并严格遵循“以收定支、确保收支平衡”的基本原则。在预算编制的技术手段上，高校应积极推广并采纳“零基预算”这一先进方法，以此为基础，不断完善和优化预算编制的整体框架与操作流程，从而进一步提升预算的权威性与严肃性。通过这一系列举措的实施，高校将能够更有效地调配与使用有限的财务资源，为高校的长远发展奠定坚实的经济基础。

（三）完善资产管理制度，提高资产使用效率

在构建完善的资产管理制度体系时，首要任务是确立一套现代化的管理机制，这包括组建一个结构健全的管理机构，并精心界定各岗位间的职责界限，旨在构建一个既相互协作又相互制衡的高效工作模式。随后，需全面细化并强化资产管理的各项规章制度，确保每一项职责都能精准落实到具体的管理人员身上，并引入严格的问责机制，以此实现对资产流转全过程的严密监控。特别是针对固定资产的管理，需着重加强审批、运用及处置这三个核心环节。在审批阶段，应建立严格的审查流程，确保每一项资产购置或处置决策都经过深思熟虑；在使用环节，需强化资产的日常监管与维护，提升其使用效率与寿命；而在处置阶段，则需遵循规范的操作程序，确保资产的合理退出与资源的有效回收。通过这些举措的实施，旨在构建一个全方位、多层次、精细化的资产管理体系，为高校的稳健发展提供坚实的物质保障。

（四）完善财务监督

确保经济活动合法且有序进行的关键在于实施恰当的财务监督。一个健全的财务监督体系应当涵盖内部监督与外部监督两大维度。在强化内部财务监督方面，首要任务是构建一套严密的内部控制机制，该机制需通过细化流程管理与明确岗位职责来有效预防违规行为的滋生。此外，高校应充分重视内部审计部门的功能发挥，确保其在组织架构中占据独立的地位，并严谨对待其出具的审计报告，以此作为保障高校稳健运行的重要参考。至于外部监督层面，主要由政府监督与社会监督两大板块构成。政府监督通常侧重于政策法规的遵循与公共资源的合理利用，而社会监督则更多地聚焦于高校的透明度与公信力，两者相辅相成，共同构成了对高校财务活动的全面监控网络。通过内外部监督的有机结合，我们旨在构建一个全方位、多层次的财务监督体系，为高校的持续健康发展提供坚实的制度保障。

第三节　高校财务管理工作技术、理念的实践探索

一、大数据与人工智能在高校财务管理中的应用

（一）大数据对高校财务管理的影响

1. 大数据技术概述

大数据是指一种数据与信息的集合，其数量规模庞大，以至于在数据的获取、存储、管理以及分析处理过程中，已经远远超出了传统数据库软件工具的处理能力范围。大数据

的特征主要体现在其规模巨大、数据类型繁多、数据流转速度快以及数据价值密度相对较低等方面。此外，大数据亦可被视为一种新兴产业，其核心优势在于专业技术人员能够利用自身的专业知识与技能，对海量的数据信息进行深度挖掘与专业化处理，进而为相关的客户提供一种高效的技术服务，并以此为基础实现一定的经济收益与利润增长。在这一过程中，大数据的价值不仅体现在数据本身，更在于如何运用先进的技术手段与方法，将数据转化为具有实际应用价值的信息与知识，从而为企业的决策制定、业务优化以及创新发展提供有力的支持。因此，大数据产业的发展不仅需要先进的技术支撑，更需要专业人才的积极参与与不断创新，以推动大数据技术的广泛应用与深入发展。

2. 大数据及人工智能对高校财务工作的意义

大数据与人工智能技术的崛起，标志着时代变迁与科技进步迈入了一个全新的阶段，这一变革正深刻地影响着社会各行业的未来发展路径。近年来，随着高校教育体制改革的持续深化，高校的办学规模日益扩大，资金来源渠道趋向多元化，办学环境也越发复杂多变。在此背景下，高校财务管理的转型升级显得尤为迫切。为了适应这一时代潮流，高校财务管理必须积极拥抱大数据信息技术，通过深度信息分析来精准把握财务状况，同时融合现代人工智能技术，以期实现工作效率与管理水平的双重提升。这一过程不仅要求高校财务工作者具备扎实的专业知识，更需要掌握先进的数据分析技能，以有效应对内控风险，确保高校资产的稳健运营。高校应充分利用大数据平台，对海量财务数据进行实时采集、存储与分析，以揭示数据背后的隐藏规律与价值。同时，结合人工智能算法，实现财务流程的自动化与智能化，减少人为错误，提高工作效率。通过这些举措的实施，高校财务管理将能够更好地服务于高校的整体发展战略，为高校的持续健康发展提供坚实的财务保障。

3. 大数据时代高校财务管理存在的短板

（1）构建完善的财务管理制度体系是保障高校财务工作高效运行的首要基石。然而，在大数据时代背景下，众多高校仍沿袭传统的财务管理模式与制度框架，未能依据大数据技术的需求及高校自身的实际状况，对财务管理相关制度实施科学、灵活的调整与优化，这显然与大数据时代高校发展的内在要求相悖，进而制约了大数据技术在高校财务管理活动中的有效融入与应用，缺乏坚实的制度支撑与良好的实施环境。

（2）尽管高校在财务信息化建设方面已投入大量资源，并取得了一定进展，但我们仍需清醒地认识到，当前的财务信息化水平仍局限于会计电算化层面，缺乏高屋建瓴的顶层设计与科学合理的整体规划，难以与高校的整体发展战略实现深度融合，这在一定程度上可能阻碍高校整体事业的蓬勃发展。

（3）强化财务风险意识是高校有效规避财务风险、妥善处理风险损失的关键举措。遗憾的是，当前高校领导层中，非财务背景者占据多数，他们对财务风险的理解与认知尚显片面与肤浅，因此未能对财务管理流程中潜藏的风险给予足够重视。同时，高校财务人员的工作重心多聚焦于日常报销事务，对高校面临的财务风险关注不足，财务风险意识相对薄弱。

（4）对于高校而言，每日都会产生海量的财务相关业务数据。然而，大多数高校尚未充分意识到这些数据背后蕴含的巨大潜在价值，且对这些数据的整合与分析能力尚待提升，这在一定程度上限制了数据资源的有效利用与价值的深入挖掘。

（5）从全国范围来看，高校财务人员队伍的综合素质有待加强。既掌握现代信息技术又熟悉高校业务活动的复合型财务管理人才数量匮乏。财务管理理念滞后、工作效率低下、责任意识淡薄等问题时有发生，这对高校财务管理活动的正常运作与创新发展构成了不小的挑战。

4. 大数据时代高校财务管理创新路径

（1）完善财务管理制度体系，推进财务规范化管理进程。鉴于高校财务管理体制运行现状，既有的财务管理制度已难以满足高校内涵式发展的需求及时代变迁的要求，故而亟须依据高校实际情况与时代特征，对财务管理制度进行全面优化与升级。

（2）加速财务信息化建设步伐，提升财务管理智能化层级。尽管高校在财务信息化建设方面已取得一定成就，但数据孤岛与信息壁垒问题依旧凸显，迫切需要实现财务数据在各部门间的互联互通与高效共享，以打破信息隔阂，提升财务信息化效能。

（3）增强财务数据挖掘与分析能力，为高校科学决策提供有力支撑。高校可结合自身实际需求，从社会引入具备先进数据挖掘技术的专业机构，或依托自身科研优势，组建专业团队进行数据挖掘技术的自主研发。通过深度整合财务数据，多维度剖析财务数据内涵，提炼出更多具有实际应用价值的财务信息，为高校各项决策提供精准的财务依据与智慧支持。

（4）强化内部控制体系建设，提升风险管理精细化程度。构建健全的内部控制制度，是确保高校财务管理活动有序开展、有效防控运行风险的关键所在。这对于提升高校内部治理水平、保障高校稳健运行具有深远的现实意义。

（5）注重财务人员队伍建设，培育兼具财务与信息技术素养的复合型人才。财务人员队伍作为高校财务管理创新的基石，其整体素质直接关系到财务管理与服务的效能。在大数据时代背景下，要实现高校财务管理创新，就必须加大财务人员队伍建设力度，着力培养既精通财务专业理论与实务知识，又熟练掌握信息技术的复合型人才，为高校财务管理创新提供坚实的人才保障。

（二）“人工智能”在高校财务管理中的应用

人工智能作为一门技术科学，专注于研究、开发与实施旨在模拟、拓展及增强人类智能的一系列理论、方法论、技术手段及应用系统。这一领域的探索涵盖了机器人技术、语音识别、图像识别技术、自然语言处理技术、智能检索机制以及专家系统等多元化方向。人工智能技术在各行各业中得到了广泛应用，不仅显著提升了工作效率，还有效节约了人力资源与物质成本，成为驱动未来经济迅猛发展的核心技术力量。目前，人工智能的发展已经达到了一个崭新的高度，即智能机器能够替代人类执行专业知识拓展的任务，从繁复的文档资料中精准提取关键信息，并通过学习范例，实现对信息的精确识别与合理判断。以全球四大会计师事务所之一的德勤为例，该机构已将人工智能技术深度融入会计、审计及资源管理等诸多工作环节之中，这不仅极大地减轻了员工在程序化作业上的负担，还促使他们能够将更多精力聚焦于更具价值的工作领域，从而实现了工作效率与工作质量的双重提升。

二、企业财务管理手段引入高校财务管理的实践探索

（一）高校财务管理引入企业财务管理手段的可行性

1. 企业财务管理手段的优势

企业财务管理手段，简而言之，乃企业为达成财务管理既定目标，在预算管理、运营调控等多个维度所采纳的一系列策略与方法。接下来将依据企业财务管理的特性，对其核心优势进行阐述。

首先，在于对资金成本的审慎考量。企业在筹措外部资本时，势必会承担一定的资金成本；而自有资金的运用，同样伴随着机会成本的产生。这一要素，在企业制定融资策略时，无疑需要被置于优先考虑的位置。

其次，全面预算管理在企业界的应用日益广泛，其本质在于为提高企业整体效益，依据企业战略目标，在预算编制过程中，对企业的生产、销售、财务等各个环节进行全局性的规划与考量，以实现资源的优化配置。

再次，内部控制的建设亦为企业所重视。企业依据自身管理流程，将财务管理的各个环节进行系统性整合，旨在构建一个全面、严密的监督管理体系。在该体系中，管理流程的关键节点被明确标识，以便于实施精准控制。

复次，财务分析在企业财务管理中占据着举足轻重的地位。它基于会计核算，依托报表资料及其他会计信息，运用专业的分析技术和方法，对企业的经营成果及财务状况进行深入剖析与评价，从而揭示企业经营的优劣得失，为企业的战略决策提供有力依据。

最后，项目投资管理同样不容忽视。作为企业财务管理的重要组成部分，项目投资管理要求企业建立一套科学的项目决策评价体系，以确保对项目进行准确、全面的评估与总结，从而为企业带来持续的价值增长。

2. 高校财务管理引入企业财务管理手段的意义

首先，在于为高校构建一套全面的预算管理体系提供有价值的参考框架。预算管理作为财务管理的中枢环节，其重要性不言而喻。然而，当前高校在预算管理方面尚缺乏全面的理念指导，预算编制过程缺乏科学性，执行效果亦不显著，亟须改进。

其次，强化高校内部控制水平亦是当务之急。遗憾的是，当前高校管理层普遍对内部控制的重要性认识不足，这一现状已导致财务管理领域出现了一系列问题。唯有将内部控制机制全面融入高校的决策、执行与监督流程之中，方能实现对高校经济活动的全方位把控，确保财务稳健。

再次，提升高校财务分析的质量同样不容忽视。在市场经济的大潮中，财务分析对于高校财务管理的重要性越发凸显。通过深入分析财务数据，可以精准把握高校的财务状况与运营趋势，为决策提供有力支撑。

最后，推动高校构建更为完善的绩效评价体系亦是关键所在。鉴于高校与企业性质的显著差异，高校作为知识创新与传播的殿堂，其效益评估无法简单套用企业的考评方法。因此，建立一套符合高校特点的绩效评价体系，对于促进高校健康发展、提升整体效能具有重要意义。

（三）高校引入企业财务管理手段的路径

当前，高校正面临前所未有的历史契机，然而，传统的财务管理手段已难以充分适应高校迅猛发展的迫切需求。鉴于企业财务管理在实践中设立了更为严苛的标准，其所采用的先进财务管理策略对当前高校财务管理工作无疑具有极高的参考价值。将企业财务管理的先进手段引入高等教育领域，不仅能够显著提升高校的财务管理效能，而且对于推动高校整体发展具有深远的意义。此举不仅能够优化资源配置，提升资金使用效率，还能助力高校在复杂多变的环境中稳健前行，实现可持续发展。

1. 引入企业全面预算管理体系

（1）在实施全面预算管理手段之前，需对高校进行全面预算编制的前期规划与部署，以确保该管理手段的有效引入与顺利实施，为高校财务管理的全面提升奠定坚实基础。

（2）在全面预算的编制环节中，若仅依据增量预算法，简单参考高校财务概况、新增开支需求及物价上涨指数，而忽视对预算基数部分的细致剖析，则可能导致预算编制的精细化程度不足，难以满足高校财务管理的实际需求。

（3）关于全面预算的执行，其核心要点涵盖以下几个方面：一是强化预算执行的刚性约束，确保预算计划的严格执行；二是严格规范预算调整的审批流程，防止随意变更预算；三是建立健全预算执行情况的考评与信息反馈机制，以便及时发现问题、调整策略，确保预算管理目标的实现。

2. 完善高校财务内控监督体制

在高校财务管理领域，内部控制体系尚存缺陷，缺乏一个健全的监督架构。反观企业界，COSO 内部控制框架的广泛运用显著增强了财务运作的效能与财务报告的可信度。鉴于此，为有效提升高校财务管理的效率与质量，适时引入 COSO 内部控制框架，并以此为基础完善内部控制与监督机制，显得尤为重要。

三、基于服务理念的高校财务管理的创新

（一）高校财务服务的内涵与特点

1. 高校财务服务的内涵

高校财务服务机制，是指高校财务部门遵循高校的发展蓝图与经济状况，依据财务管理准则，对预算内外资金实施筹措、规划、调配、运用、监管及调整等一系列管理活动。此过程涵盖资金的筹集、预算的制定与执行、资金的组织运用以及后续的监督与调整环节。通过精确的收支会计核算，财务部门致力于实现增收节支的目标，为高校各部门开展多样化的业务活动提供坚实的资金后盾。与此同时，强化财务预算管理工作，确保预算的科学性与合理性，进而为高校的教学、科研及其他各项工作的顺利推进提供有力保障，推动高校整体事业的蓬勃发展。

2. 高校财务服务的特点

（1）财务服务对象之多元复杂性解析。财务服务所面向的对象，与参与财务活动的各类财务主体紧密相连，任何涉足特定财务流程的主体，均被视为财务服务的核心受众。在高校财务管理的语境下，资金流动构成了财务活动的核心，伴随高校内外部经济交往的日益频繁，由资金流串联起来的各类财务主体，均应被纳入财务服务的范畴之中。

（2）财务服务时效性之日常体现。财务服务的时效性特征，在日常财务服务流程中尤为显著，诸如常规报销处理、业务手续办理及财经政策咨询等，均属于财务部门的基础服务范畴。财务部门需长期面对前来办理财务事务的师生员工，以及存在经济往来的外部企业和供应商等，时效性成为衡量服务质量的关键指标。

（3）财务服务质量之个体差异解读。财务服务的品质，深受提供服务的个体能力、态度及情绪等因素的影响。在高校环境中，不同的财务人员针对同一财务服务，可能会展现出截然不同的服务质量。财务人员的专业素养、工作热忱、责任心及对财务政策的解读视角，均会对服务预期效果产生深远影响。

（4）财务服务手段之技术依赖性探讨。正如古语所言，“工欲善其事，必先利其器”。财务服务作为一项技术性、专业性极强的团队协作活动，其服务质量与服务手段的先进性

息息相关。高效、精准的服务手段，是提升财务服务效率的基石。

(5) 财务服务内容之多元化趋势分析。高校财务作为支撑高校事业发展的核心要素，承载着科学研究、人才培养及社会服务等多重功能。高校资金所触及的利益相关方错综复杂，各利益主体对财务服务的需求各具特色，使财务服务内容日益呈现多元化的特征。

(6) 财务服务规范性与原则性之双重约束。财务服务始终服务于特定的利益主体，具有一定的利益导向性。因此，财务服务必须严格遵循国家相关的财经法规及财务规章制度，以国家意志为指引，开展财务服务与监督工作。规范性与原则性，构成了财务服务不可或缺的双重约束。

(二) 提升高校财务服务的现实意义

长期以来，高校财务管理体系始终将“财务管控”与“财务督察”深度融合于整个管理流程之中，确保财务活动既体现国家意志，又反映高校需求，科学合理地分配与使用教育经费。特别是在近年来，国家层面出台的一系列财务规章制度均将“财务监督与管理强化”置于首要位置，着重于加强内部控制机制建设，规范财务管理流程，并加大对财经活动的监管力度。对于高校财务部门而言，在严格执行国家关于教育财政经费的各项制度的同时，还承载着为高校教育事业发展提供坚实财力支撑的重要使命。这要求财务部门不仅要确保教育经费使用的合规性，更要引导其实现高效利用。在当前财务环境日趋复杂，财务矛盾相对凸显的背景下，强调并提升财务服务水平显得尤为重要。通过优化财务服务，不仅能够更好地应对各种财务挑战，还能有效促进教育经费的规范、高效使用，为高校教育事业的稳健发展注入强劲动力。

1. 重新定位高校财务职能，突出财务服务的作用

在高校财务管理的范畴内，财务服务与监督构成了两大核心职能。长期以来，财务监督被视为财务工作的主要定位，财务部门作为执行财经法规的关键主体，严格遵循既定的财务程序对经费预算的分配与使用进行审慎管理，对于任何违背财务规范的行为，均坚决予以制止。从宏观视角审视，财务工作的重点在于监督；而在微观层面，其则具体表现为财务服务。财务服务的保障作用，更多地体现在财务部门的多元化职能之中。作为财务监督职能的深化与升华，财务服务不仅彰显了财务部门在保障高校经济运行平稳有序方面的积极作用，还体现了财务部门在提升财务管理效率与质量上的不懈努力。高效，作为财务管理的根本追求，贯穿于财务服务与监督的全过程，是推动高校财务工作持续优化与升级的内在动力。

2. 进一步调和财务制度刚性规范与利益主体多元需求之间的矛盾

财务活动因其固有的制度性特征而呈现出高度的规范性，所有财务行为均须遵循既定的规则与标准来执行。财务制度的制定要求全面覆盖、系统深入，对经济活动的方方面面

产生着深远的影响，这种影响不仅贯穿于活动的当前阶段，更延伸至其未来发展之中。值得注意的是，财务制度往往是在特定的历史环境下进行调整的，这赋予了其较强的刚性特质。因此，财务制度的实施与变革，要求利益主体具备高度的自我调适意识，积极适应由制度刚性所带来的新要求。然而，人们对于新事物的接受往往需要一个渐进的过渡过程。在面对财务制度变革时，人们需要时间去逐步认识、深入理解并接纳这一变革可能带来的利益调整。这种接纳过程不仅仅是认知上的转变，更是情感与行动上的适应，它要求人们能够正视制度变革所带来的利益触动，并以积极的态度去应对由此产生的各种挑战。

3. 有助于强化财务人员职业服务意识，加快财务团队建设

在日常的财务业务运营与管理实践中，财务人员对于执行财务工作的认知，往往局限于岗位职责的机械履行层面，对于业务处理的态度及工作表现，主要基于职业道德的约束，视其为分内之事，或是受到人情世故的影响。他们所提供的服务细致入微、态度严谨，更多源自个人职业素养的要求以及为人处世的准则，而非深刻意识到职业本身对服务意识所提出的内在需求。因此，财务人员往往未能充分领悟到，作为财务专业人员，提升服务意识不仅是个人修养的体现，更是职业角色赋予的重要使命。

4. 有利于增进财务沟通，推进财经政策的宣传与落实

财务服务的终极旨归在于深化与服务对象间的互动与对话，旨在令服务对象深切体会到财务服务在经费使用的规范性与科学性上所给予的深切关怀。我们致力于协助服务对象，在严格遵守财经法规的前提下，实现经费使用的高效与高质，确保每一分资金都能发挥最大效用，既满足其实际需求，又符合财务管理的严谨标准。

5. 降低财务风险，提高财务管理水平

当前时期，高校所处的财务环境日趋复杂，多种利益诉求相互交织，使财务部门所面临的财务风险日益加剧。面对这一挑战，财务部门需积极扮演财务风险协调者的角色，通过提供全面而细致的财务服务，将严格的监督机制融入各类经济活动之中。在此过程中，服务被确立为引领财务工作的核心理念，财务部门需充分利用服务载体，致力于优化理财环境，力求最大限度降低财务管理的风险水平。财务部门需综合平衡各级利益主体的关系，通过精细化的服务与管理，确保财务活动的有序开展与健康发展。这要求财务部门不仅要在风险防控上做到精准有效，还需在服务创新上不断探索与实践，以更加开放和包容的姿态，积极应对复杂多变的财务环境，为高校的稳健发展奠定坚实的财务基础。

6. 良好的硬件环境

当前财务信息化的发展态势及其未来走向，为财务服务的优化升级提供了坚实的硬件支撑与广阔的发展空间。推进财务信息化建设，不仅是财务部门拓宽服务宣传渠道、提升

财务管理信息透明度的关键举措，更是推动财务管理现代化进程的重要一环。财务信息化建设涵盖了财务处理流程的信息化以及财务信息服务的信息化两大核心方面。财务处理流程的信息化，旨在对传统账务处理方式实施深度革新，通过引入先进的信息化手段，有效强化了对多校区财务管理的统筹能力，显著提升了会计核算管理的效率与精度。这一变革不仅极大地减轻了财务人员的工作负担，更为师生员工提供了更为便捷、高效的财务手续办理体验，有效提升了财务服务的满意度与便捷性。

（三）高校提升财务服务水平的战略思考

增强高校财务服务能力是一项复杂而系统的任务，其涵盖的范畴颇为广泛。财务服务的优化并非空洞的口号，也非无本之木，而是需要稳固的基石作为支撑。长期以来，尽管高校财务服务的话题在学术界与实践领域屡被提及，却遗憾地未能引起高校管理层及财务部门本身的充分重视。在此背景下，笔者提出的提升高校财务服务水平的战略构想，是立足于当前高校由外延式扩张转向内涵式发展的客观需求之上，同时也是针对近年来高校教育经费持续加大投入后，在教育经费绩效管理领域所亟须采取的关键举措。这一战略旨在通过系统性的改进与创新，为高校财务服务注入新的活力，推动其向更高层次迈进，从而更好地服务于高校的整体发展战略与长远目标。

1. 营造良好的服务环境，提高财务服务认识

（1）统一并深化思想认识，是彰显财务服务意识的重要前提。我们倡导财务服务，旨在全面发挥财务职能在决策支持、咨询指导方面的积极作用，确保教育经费在严格的财经纪律框架内得到高效、合规的使用，从而实现资金效益的最大化。这一倡导，实则是对财务部门工作品质与专业能力的一次深刻检验。无论是身处管理岗位的财务主管，还是基层的财务人员，都应勇于直面财务工作中的矛盾与挑战，积极承担起财务责任，以高度的责任感对待工作中出现的每一个问题。面对问题，要保持积极的心态，采取切实有效的措施加以解决，同时，要敢于创新，勇于尝试改革，不断推动财务工作向前发展。财务服务，作为财务部门对外展现的重要窗口，要求每位财务人员都应以饱满的热情、良好的心态以及实际行动去践行。这不仅是对个人职业素养的体现，更是对财务部门整体形象的塑造与提升。通过财务服务，不仅要传递出财务部门的专业与严谨，更要展现出对教育事业发展的深切关怀与坚定支持。

（2）致力于办公功能的全面优化，旨在营造一个既优越又便捷的财务工作环境。财务办公环境作为展现财务专业形象与提供高品质财务服务的核心窗口，其硬件设施的完备程度及整体环境的布局设计，对财务人员的工作状态及师生们的体验感受均产生着深远的影响。一个优质的办公环境，是确保财务人员保持良好工作情绪的关键所在。它不仅能够有效提升财务人员的工作效率与满意度，还能进一步激发其工作热情与创新活力。同时，对

于师生而言，一个布局合理、设施完善的财务办公环境，能够更直观地满足他们对财务部门各项职能的需求，进而增强其对高校财务管理的信任与支持。因此，应将优化办公环境视为提升财务管理水平、塑造良好财务形象的重要举措，通过不断改善办公条件，为财务人员及师生们创造一个更加和谐、高效的工作与学习氛围。

(3) 强化财务服务文化的宣传力度，旨在营造一种积极向上的校园文化氛围。作为财务文化不可或缺的构成元素，财务服务文化深深植根于校园文化的沃土之中，成为校园文化多样性的生动体现。财务服务文化的繁荣与发展，离不开校园文化的整体建设，它借助校园文化的广泛传播，得以深入人心，与全校师生的日常生活及财务行为紧密相连。通过多样化的宣传手段与渠道，致力于将财务服务文化的精髓融入校园文化的每一个角落，使师生们在潜移默化中感受到财务服务的重要性与便捷性。这一过程不仅加深了师生们对财务工作的理解与认同，更促进了财务服务文化的内化于心、外化于行，为构建和谐、高效的校园财务环境奠定了坚实的基础。

2. 搭建全方位的财务服务框架，创造良好的服务条件

(1) 构建健全的财经制度体系，清晰界定经济责任边界，是深入实施依法治校、依法理财战略的重要基石。财务服务工作的顺利开展，离不开坚实的制度支撑，它要求在严谨的财务规章制度框架内规范财务行为。唯有不断完善财经制度，才能有效推动财务服务的优化升级，确保经济责任明晰，依法依规开展财务管理活动，实现公正无私、公平透明的财务管理环境，进而树立真正的财务自信。

(2) 优化财务流程，精简办事环节，是提升财务工作效率的关键所在。一个全面、清晰、简洁且高效的财务流程，是衡量财务服务水平的重要标尺。深入分析财务矛盾产生的根源，不难发现，部分高校财务部门对财务流程的优化重视不足，过于强调财经纪律与风险防控，而在简化流程、提升效率方面着力不够，这在一定程度上制约了财务服务水平的提升。

(3) 加大财经政策的宣传力度，普及财务知识，是缓解信息不对称问题的有效途径。随着高校财务环境的日益复杂，财经政策的出台与宣传愈发频繁，这对于提高财务政策的透明度与执行力至关重要。通过广泛宣传，可以增进师生对财务政策的了解，提升其对财务工作的认同与支持。

(4) 构建财务信息化平台，推动财务信息公开，是财务部门加强对外宣传与业务指导的重要手段。这一平台不仅有助于提升财务工作的透明度，还能促进财务部门与各单位之间的沟通与协作，为师生提供更加便捷、高效的财务服务。

(5) 设立财务咨询平台，是凸显财务服务效果、满足师生需求的重要举措。财务咨询活动的频繁开展，反映了师生对高校财务管理工作的高度关注与积极参与，同时也揭示了

师生对财务工作信息获取渠道有限、了解程度不足的现状。通过财务咨询平台，可以及时解决师生的疑惑，增进其对财务工作的理解与信任。

（6）实施财务联络员与财务秘书制度，是加强一二级财务之间政策宣传与业务指导的有效途径。这一制度旨在拓展财务职能，将财务工作深入各单位、各学院，通过建立财务负责人、科长、一般财务人员三级分层联络制度，实现财务部门人员与各单位财务负责人、经办人及师生的紧密联络。通过走进学院、部门，贴近专家，分类宣传、专人解释，可以进一步增进各方对财务工作的了解与支持。

3. 构建财务服务评价指标体系，客观考核财务服务成效

财务服务工作是一项极具综合性的任务，其服务质量的优劣受到多方面综合评价因素的深刻影响。在评估财务服务质量的过程中，鉴于财务效果展现的独特性质，应当采用定性与定量描述相结合的综合方法。依据财务工作的本质属性和特点，财务服务评价指标体系可划分为三大核心一级指标：财务服务综合表现指标、财务服务信息质量评价指标以及财务服务规范执行指标。财务服务综合表现指标侧重于从宏观层面对服务质量进行全面评估，这涵盖了财务管理体制的合理性、财务监督机制的健全性、内部控制制度的完善程度、财务流程的清晰度、机构设置的科学性以及人员分工的合理性，同时还包括财务信息公开的透明度、财务手段的先进性和财务文化的建设等多个维度。财务服务信息质量评价指标则主要聚焦于通过财务服务及指导，在高校经费管理、经费分配、经费使用以及财务风险控制等方面所取得的成效。这些指标能够通过具体的财务指标进行量化衡量，直观反映财务服务在提升经费管理效率与效果方面的实际作用。财务服务规范执行指标则用于评价财务服务在规范财务活动方面的表现，它体现了财务服务在推动财务活动合规性、标准化方面所发挥的积极作用。在综合考量上述各指标体系的基础上，将筛选出具有代表性的定量指标，并将其纳入模型构建过程，从而形成财务服务评价的定量模型。经过不断的优化与完善，该模型可广泛应用于高校财务服务评价工作，为财务主管部门提供实证支持。依托这些实证结论，财务主管部门能够根据影响财务服务质量的关键因素进行有针对性的整改与完善，从而有效提升财务服务水平，推动高校财务工作的持续健康发展。

参考文献

［1］安静．高校预算绩效评价体系设计研究［J］．环渤海经济瞭望，2023（8）：147-150.

［2］曹颖．基于业财融合的高校财务信息系统设计研究［J］．会计师，2022（14）：63-65.

［3］段学亮．新时期高校财务管理面临的挑战与理念创新［J］．现代营销（上旬刊），2023，（10）：22-24.

［4］高云凤．高校财务管理转型分析［J］．合作经济与科技，2023（8）：112-114.

［5］高琦．信息化环境下的高校财务管理创新模式的研究［J］．湖北开放职业学院学报，2023，36（11）：17-18+21.

［6］韩飞飞．互联网视域下高校财务管理的创新策略探讨［J］．营销界，2022（6）：80-82.

［7］黄懿．大数据背景下高校财务管理信息化建设研究［J］．财经界，2024，（18）：102-104.

［8］李晖，崔恒顺．高校财务共享平台建设思考［J］．合作经济与科技，2023，（20）：147-149.

［9］罗天啟．数字化转型背景下高校财务管理优化策略［J］．投资与创业，2023，34（13）：89-91.

［10］刘璐，李志恒．高校内部控制信息化建设研究［J］．新会计，2023（6）：35-37.

［11］刘铮．信息化背景下高校财务管理的挑战［J］．现代商业研究，2024，（09）：119-121.

［12］梁潇，刘雅荣．高校财务信息化建设：现状与建议［J］．山西财经大学学报，2023，45（S1）：52-54.

［13］孟雷，焦曼，王冠，孟昕，胡旭东．高校财务内部控制建设探究［J］．行政事业资产与财务，2023（14）：46-48.

［14］任源．高校财务管理问题浅议［J］．合作经济与科技，2024，（11）：156-157.

［15］邵雅．新时期高校财务管理面临的困境及解决措施［J］．商业观察，2023，9（22）：85-88.

［16］沈楷人．高校财务管理信息化建设现状与对策［J］．投资与合作，2022（9）：47-49.

［17］唐小红，杨云森．互联网+高校财务管理信息化创新应用研究［J］．理财，2023（7）：30-32.

［18］王颖．探讨高校财务管理转型与智能化构建［J］．投资与创业，2023，34（14）：72-74.

［19］王颖慧．高校财务管理的数字化转型实践研究［J］．商业观察，2023，9（34）：65-68.

［20］王琳琳．高校预算绩效评价体系优化探讨［J］．合作经济与科技，2023（16）：122-124.

［21］王家明．高校财务管理信息化建设理论与应用研究［J］．经济师，2023（7）：78-79+82.

［22］王睿颖．新时期高校财务管理面临的挑战与理念创新［J］．绿色财会，2023，（08）：25-27.

［23］吴海燕．数字化背景下高校财务管理信息化研究［J］．中国管理信息化，2023，26（19）：69-72.

［24］谢吉利．高校财务内部控制存在的问题及对策［J］．财会学习，2023（21）：164-166.

［25］姚爽，李莹，黄丽艳．高校财务管理存在的问题与对策［J］．行政事业资产与财务，2023（14）：78-80.

［26］赵媛．高校内部控制优化问题研究［D］．呼和浩特：内蒙古财经大学，2021.

［27］张艳．浅析高校财务现状及问题产生的应对对策［J］．中国市场，2021（25）：180-181.

［28］张瑜．高校财务管理信息化建设存在的问题及对策［J］．活力，2023，41（23）：163-165.

［29］郑楸千．高校财务数字化升级的制约因素与路径探索［J］．环渤海经济瞭望，2024，（07）：165-168.

［30］周君婧．高校财务管理信息化应用研究［J］．海峡科学，2023，（09）：94-96.